生活·讀書·新知
三联书店

颐和园

测绘笔记

梁雪·著

颐和园测绘笔记

李一凡

目录

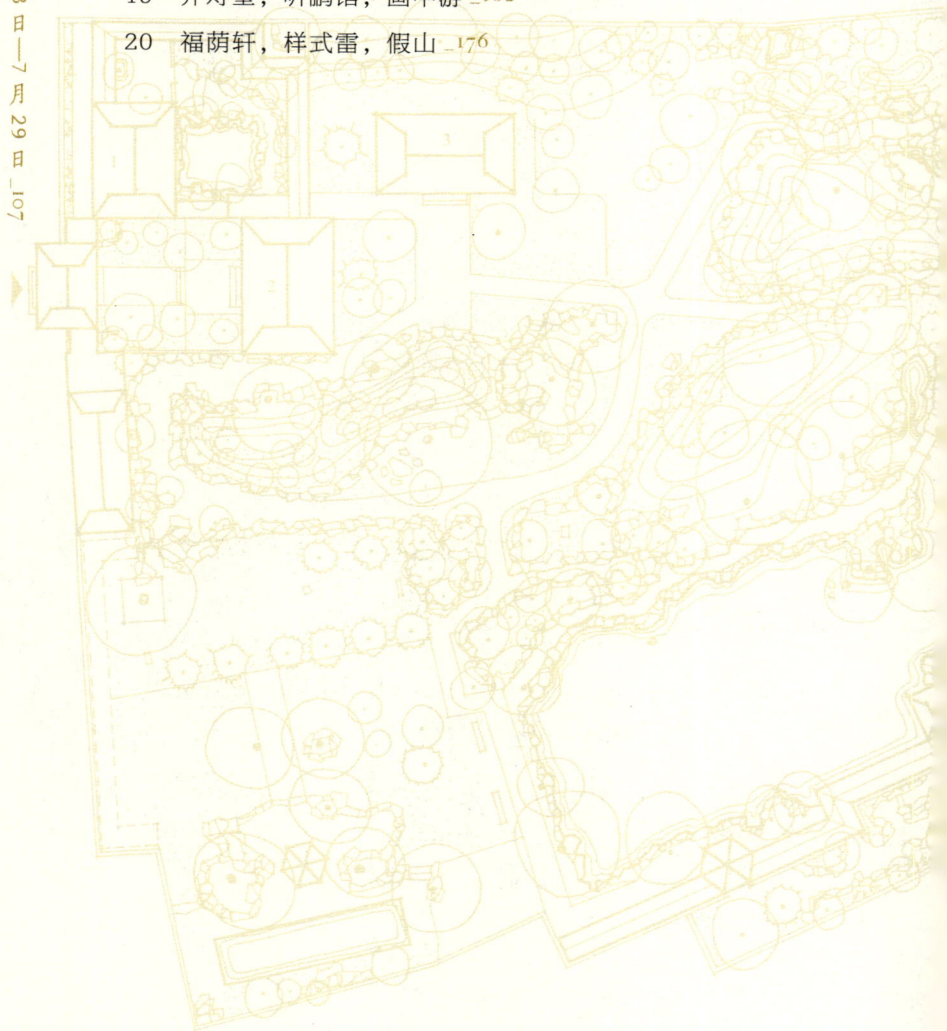

0　　5　　10　　15 m

引言：
叠石与缘分

在古典园林中，池塘、树木、叠石和建筑是四个基本的组成部分，其中的叠石具有模拟自然山水的意象，以达到园主脱离尘世，与自然景物相通的目的。品评一段园林叠石的层次，主要是欣赏它是否搭建出真山真水的脉络气势以及是否符合山水画法中的皴法向背。在园林史中，从清初发展起来的叠山家，如张南垣、计成等，他们运用石包土的土石山手法再现了大自然的真山一角，创造出有如截溪断谷的"平岗小坂"、"陵阜陂陀"等意境，有别于宋元以来叠山家对真山全貌的小尺度模仿和缩移。

我从少年时开始习练书画，对山水画与画论均有涉猎，为认识和理解古典园林打开了一扇方便之门。

　　在我读本科三年级时（1983年），建工出版社曾组织过一场针对全国建筑系学生的论文竞赛，以提高工科同学读书和关注学术研究的热情。记得当时国内高校中开设建筑学专业的学校不多，评委会最后共收到来自二十五所大专院校的论文三百三十篇，最后选出三十五篇论文作为优秀作品发表在次年出版的《建筑师》杂志（总18期）。当时我写了一篇题为《试论中国山水画对古典园林的影响》的文章投给评委会，后来与天大的其他九篇论文一起被评为优秀作品，很让当时关心我们的老师高兴。应该说，这次活动既是我研究古典园林的开始，也是亲近颐和园的开始。

　　那时候的杂志都是黑白胶版印刷，除非是专业摄影师所为，很多黑白版照片的拍照、洗印条件都不好，印刷出来后的效果并不理想。当时系里的胡德君老师、彭一刚老师看到我写的初稿后曾建议：如果论文插图一律改为手绘，可以达到图文并茂的效果，让人看起来也更舒服。得此高见，我就把设想的插图一律改成手绘，大部分是钢笔画，一些引用的大幅古画也被我改画在小幅宣纸上，最后印刷出来的效果还真不错。

　　在给论文绘制的二十八幅插图中，有两幅插图涉及颐和园，一幅题为"颐和园借景玉泉山"，是根据在鱼藻轩西望的实景改绘的，用以验证《园冶》中提及的"巧于因借"的提法；另一幅插图题为"颐和园谐趣园里的寻诗径"，画面中景是山石和寻诗径小路，远处可见"兰亭"、游廊和知春堂建筑，用以说明画论中的一些提法如何转化成造园理论并影响到造园实践。这两张照片不是我拍的，是借用了一些可以看到的相关出版物中的插图。

后来为了探访这两幅插图的实地情况，我曾与几位同学利用暑假结伴借住在北大的学生宿舍，同时找机会参观北京的一些新建筑。记得有一次进颐和园北门时已近黄昏，园内游人极少，那时的苏州街还未恢复，很有荒凉、萧瑟之感，当几人翻过万寿山来到长廊时，附近的少量建筑中已有灯光泛出，在群青色的背景中透出点状的橘黄色。此时，尽管大家依然说笑，但这时的颐和园景物却深深地印在脑海中，成为一段挥之不去的情结。

这时候去了几次颐和园，但没有机会或时间去谐趣园北侧去找寻诗径附近的叠石。

在古典园林的研究中，颐和园作为北方皇家园林的代表是一个必须提及的实例；在目前可见的研究成果中，除了清华大学几位老师在常年测绘基础上写出的《颐和园》专著，其他对颐和园的专题研究不多，更多地是作为某些论点的佐证，如园林中的借景、园中园等。在对颐和园的描述中更多地是根据现有的园林景物展开，很少涉及清漪园时期的原始设计。实际上，现在我们所看到的颐和园主要是 1885 年经过多次维修以后的面貌，而被英法联军破坏前的清漪园，从乾隆十四年（1749）开始兴建，经过十五年的建设，曾经具有比后期颐和园更壮观的面貌和一些原始性的设计理念。

作为一个有生命的古典园林，从最初的清漪园到现在的颐和园，不仅时间上经历了二百六十四年的风雨变化，影响到实体环境也必然出现几经兴废的变化。将这些遗址和原始设计与今天的景物进行对比，相信每个游览颐和园的人都会加深对这个园林的理解和对我们中华民族的理解。

上世纪 80 年代以后，颐和园内对一些清漪园时期建筑群进行复建，如苏州街、耕织图、景明楼和澹宁堂，并对昆明湖进行的大规模清淤（1990—1991 年），据介绍有 18 万北京市民参加了义务劳动，清淤面积达到 120 万平方米，基本占了湖区总面积（226.7 万平方米）的一半，平均挖深 57 厘米，如此大的工程量据说是清漪园建园以后二百四十年间的第一次清淤，我想就是乾隆皇帝或慈禧太后也会惊叹后人对保护这座历史名园所做的工作。每当我们国家比较强盛的时候都会大兴土木，重视园林建设和文化发展，而每当国家衰败之时，往往会伴随外族入侵或内乱频发，人们为了保命而逃难，这时的园林与建筑经常处于无主的状态而任其荒废，所以才有了诗人杜牧"南朝四百八十寺，多少楼台烟雨中"的感叹。

对大部分游人而言，往往只能在颐和园里逗留一天到半天时间，而对于占地290公顷（4350亩）、包含近百个建筑物（建筑群）的园林来说，能够游览的区域和建筑十分有限，或者只能游览一条主要的游览线，对游览线上的景物往往也是点到即止，很难细细体会。对于像颐和园这种大型园林来说，很像是在游览一座小型城市，游览时只能积累一些零散的片段，然后再把这些片段连接成一个完成的整体；而能够对这些建筑和景物的文化背景加以了解就显得十分必要，相信有此基础才能达到眼到、心到，产生情感共鸣的效果。

从园林规划的角度看，颐和园里可分为四个主要区域，即：宫廷区、前山前湖景区、后山后湖景区、湖区。每个区域内又包含若干小的独立性组团，在近百个单体建筑与建筑组团中，还有一些未对游人开放游览的地方，如霁清轩、养云轩、介寿堂等，现在读者可以随着我的脚步和视野对这些建筑进行游览，增加对颐和园建筑的全面了解。

尽管书中集中了两次测绘时段、三十多天的时间来描述和记录在颐和园里的测绘、写生生活，但所涉及的园林范围和建筑群依然有限，只能说是涵盖了颐和园内的主要景区和主要建筑，还有一些景点和建筑留待日后补遗。从内心上我也不想把这本书写成一本面面俱到的导游手册。

古建筑测绘的传统可以追溯到民国时期的一个民间学术团体——中国营造学社，其中社长朱启钤先生和早期骨干梁思成先生、刘敦桢先生等功不可没。朱启钤先生曾指出："须为中国营造史，辟一较可循寻之途径，使漫无归束之零星材料得一整比之方，否则终无下手处也"，"研求营造学，非通全部文化史不可，而欲通文化史，非研求实质之营造不可"，"物质演进，兹事体大，非依科学的眼光，作有系统之研究。"意在说明要研究中国建筑史，必须采取科学的方法对实物进行调查。只是这种调查和测量说起来容易做起来难，需要见识和体力都具备时才有可能。而当梁思成和刘敦桢这样有建筑学背景的同仁进入营造学社以后，朱启钤先生的这个愿望才得以实现。

对于认识中国古建筑体系，梁思成先生在《中国建筑之两部文法课本》一文中有过一段回顾：

> 中国古籍中关于建筑学的术书有两部，只有两部。清代工部所颁布的建筑术书《清工部工程做法则例》和宋代遗留至今日一部《宋营造法式》。这两部书，要使普通人读得懂都是一件极难的事。

> 幸而在抗战前，北平尚有曾在清宫营造过的老工匠，当时

找他们解释，尚有一条途径，不过这些老匠师对于他们的技艺，一向采取秘传的态度，当中国营造学社成立之初，求他们传授时亦曾费许多周折。

以《清工部工程做法则例》为课本，以匠师为老师，以北平故宫为标本，清代建筑之营造方法及其则例的研究才开始有了把握，以实测的宋辽遗物与《宋营造法式》相比较，宋代之做法名称亦逐渐明了。

应该说，后来梁思成等先生对蓟县独乐寺和五台山佛光寺等古建筑的测绘、调查和研究开辟了研究中国古代建筑的一条科学途径，被当时的学术界和后来的学术界所广泛采用，并一直影响到今天。

在目前中国的建筑教育体系中，天津大学的古建筑测绘是一门很有特点的课，也是在全国建筑院校中坚持时间最长的一门暑期实践课。

天津大学建筑系成立以后，在卢绳、徐中、冯建逵等先生的关注和参与下，古建筑测绘成为建筑系师生长期坚持的重要教学与科研活动，五十年来完成了很多明清皇家建筑群以及省市一级的文物保护单位的古建筑测绘，足迹涉及国内二十余个省市自治区。其中卢绳先生为中国营造学社社员，不仅在系里讲授中国建筑史课程，还擅长古典诗词的写作，与我学书画的老师王学仲先生多有唱和，很多轶事还是王老师告诉我的。

80年代以前天津大学的师生曾对颐和园里的一些相对独立的"园中园"进行过测绘，如前山区的扬仁风、画中游，后山区的谐趣园；而更完整的测绘成果则由清华大学的师生们完成，一个阶段是从1953年至1965年，另一个阶段是从1979年至1985年，绘制了园内主要建筑物的平立剖面，并做了部分的环境分析。

古建筑测绘课的要点是同学们在老师的指导下通过实际测量一些经典的古建筑实物，来了解古建筑的构成特点和施工特点，进而了解古建筑的设计特点。通过一段时间的测量和绘图，同学基本可以掌握测量对象的基本特点，由于我们的测绘对象多是一些清代的皇家工程，像北京的天坛、北海、颐和园，河北省的清东陵、清西陵，测绘过程中同学们基本可以理解梁思成先生注释过的《清式营造则例》上的内容；在手工绘图的80年代和90年代初期，经过测绘，同学们的钢笔绘图技巧可以得到根本性提高。对于社会而言，历年的测绘图纸可以提供给古建筑的管理单位和文物部门，用于以后维修和重建这些古建筑。

除此之外，古建筑测绘成果多作为介绍某些园林和建筑群的补充材料而出现，如《颐和园》、《承德避暑山庄与外八庙》中出现的一些建筑实测图。

作为在大学中求学的学生，这段时间又是学生与学生、学生与老师在一起最长的一段时间，用"朝夕相处"形容并不为过，同学们可以学会互相帮助、互相包容、互相合作；同一个测绘小组的学生和测绘老师一般可以建立较深的感情。这段测绘的学习与生活经历可以保留在每个经历过测绘的人心中，成为大学四年或五年的一段珍贵回忆。

在我求学的 80 年代初期，古建筑测绘与水彩画实习是结合在一起完成的，一般是先在测绘地点附近画画，然后再进行古建测绘，测绘完成后多在建筑系馆的走廊里搞个水彩、测绘展以向老师和同学展示这一阶段的成果和收获。90 年代中后期以后，水彩写生课的课时基本被室内临摹课取代，已经很少在校园中看到画水彩的学生，究其原因，直接的原因是计算机绘图取代手工绘图的结果，隐性原因是功利主义思想已经开始渗透进教育体系和学生个体的方方面面。近日与二年级的同学聊天，据说原来向建筑系同学开设的水彩画课程已经完全取消，一种能够提高学生审美能力与观察能力的训练已经成为明日黄花。

现在的测绘成果多为计算机绘制的图纸，当测绘工作完成后，能够拿出来展示的东西也愈来愈少。

1982 年我曾作为学生测绘过河北省遵化县清东陵，1984年暑期充作测绘老师（刚被录取为研究生）带 82 年入学的同学测绘清西陵，以后作为测绘老师带领学生进行过北京北海（1987 年）、天坛（1998 年）和三次对颐和园的测绘（分别是

2006 年、2011 年和 2013 年），2010 年参加在内蒙古呼和浩特的测绘。对我而言，古建筑测绘和现场写生既是我所喜欢的活动，也是我与古建筑、古代匠师对话与沟通的机会，所以可以坚持许多年。

尽管有的测绘距今已经过去较长时间，好在有日记和笔记作为索引，对当年发生的主要事件还是可以依稀回忆起来，有些事件和景物还是会随着写作的深入而逐渐鲜活起来。

去年看到一部很有意思的电影《盗梦空间》，其中讲到人的"潜意识"梦境对现实生活和现实行为的影响。发生在我身上则有一件现在还无法说得清的事，就是"梦境的再现"和"梦境的预言性"：几年前梦到的场景或人物会在日后的某天突然出现，由于所遇场景和人物与梦境的高度吻合，身体上会产生与之相伴的异常感、愉悦感和兴奋感。

后来与一位多年的朋友谈及此事，他建议：你要把这些场景深刻的梦境先记录下来，写好日期，以后当遇到同样的场景时才好（拍照片）验证。觉得他说的有道理，于是就把一些有意思的梦境记录下来，笔记旁边留下一些空白，凡是后来能够验证的梦境就再注释一下：何时，何地，何人。

这里引用一段早年记录的一段梦境：梦至一园林，门洞正对竹林、水塘，行不远有石制小路，穿行于古木、洞石间，有夕阳一缕照在两侧山石上，发出橙红色光芒。

今年暑期又去颐和园实习，在谐趣园寻诗径拍照时突然发现自己对这段场景十分熟悉和亲切，身上不由地有种异样感；回家翻检记录梦境的笔记本，在寻诗径和澄爽斋东侧所遇竟然与早期记录中描述极为吻合，只是时间（早晚）和行进顺序（出园变为进园）上有少许差异。

缘分说，信哉！疑哉？疑哉？信哉。

著此书以全我与颐和园之缘。

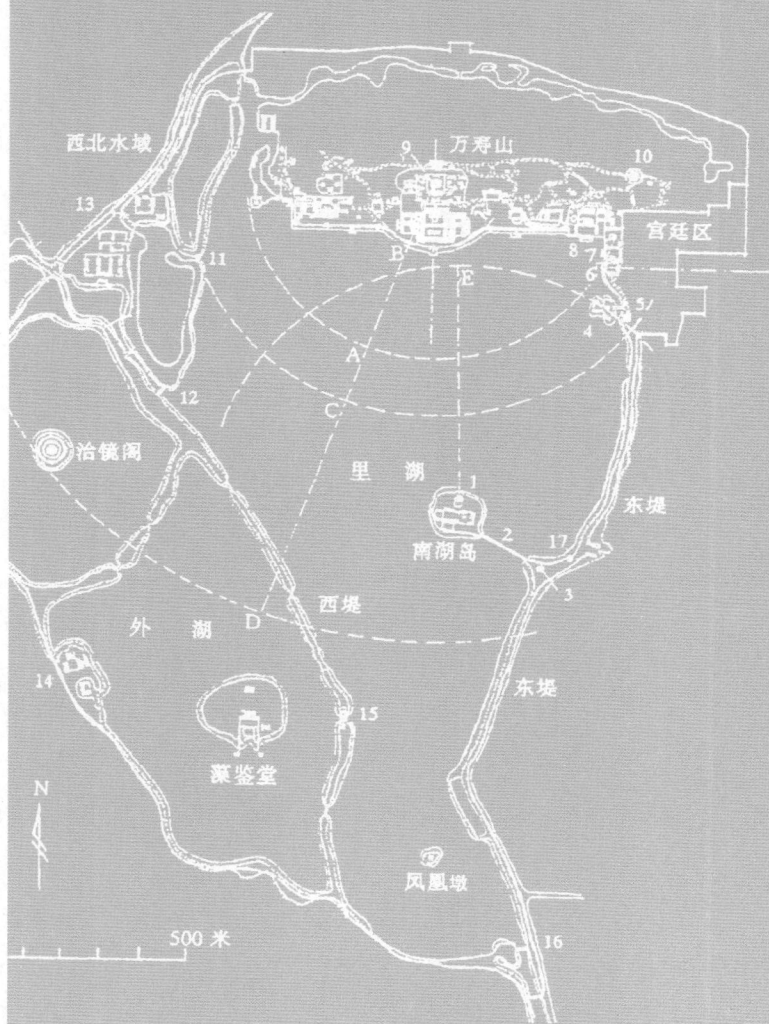

西北水域

万寿山

9

10

13

宫廷区

11

B

8 7

E

6

A

5

C

4

冶镜阁

里　湖

1

东堤

2　17

南湖岛

3

外　湖

西堤

D

东堤

14

15

藻鉴堂

N

凤凰墩

500 米

16

二〇〇六年

测绘笔记
————————

7月2日——7月14日

01

游园，
分配测绘任务

（2006 年 7 月 2 日，周日，晴）

　　早晨 6 点半，小曹老师开车到我们居住的小区楼下，接老王老师和我去北京颐和园的测绘点，另有一些老师随学生乘坐的两辆大巴车同行。

　　现在我与老王老师住在同一个小区大院中。在系馆，由于以老王老师为首的建筑历史教研室已经迁出建筑历史与理论研究所，平时并不在一个空间里办公，除了偶尔有好玩的事去他家或他的办公室拜访之外，近年一起见面和聊天的机会并不多。

　　在途中聊起前年夏天（2004 年 8 月）在国家图书馆举办的"华夏建筑意匠的传世绝响——清代样式雷建筑图档展"，因为当时我在外地出差，回程在首都机场下飞机时才知道展览消息，待赶到

"国图"时发现展览已经接近尾声；当时除了看到一些展板外，还看到一些被国家图书馆收藏的图纸原件和其他单位收藏的模型"烫样"。在展厅的展板中有老王老师和国内其他受邀嘉宾的身影。

搞建筑历史的人，对于"样式雷"的提法并不陌生，这里先简单地介绍一下：

清代的皇家建筑，包括北京、承德甚至盛京等，还有园林、宫殿、坛庙、陵寝等工程，通常要成立专门机构来经营，下设样式房，相当于现在的建筑事务所，其中的建筑师叫样子匠。康熙朝以来，管理清朝皇家建筑的内务府营造司就设有样式房，如圆明园样式房。清中期以后，每一个重大的国家工程，比如修一个园林，就要设立一个钦派工程队，简称钦工处，由亲王如醇亲王、恭亲王并另派大学士如李鸿章、翁同龢等组织一个班子，设立样式房，叫钦工处样式房，领头的叫样式房掌案，相当于现在的总建筑师、国家级建筑大师，一般由雷姓后裔承担，所以雷氏在清代皇家建筑中打下了非常深刻的烙印，在同治、光绪时期达到登峰造极的地步。所以在全社会，尤其在北京，人们都公认他们是有成就的建筑师。样式房、样子匠加上雷姓，变成美称，就叫"样式雷"或"样子雷"，这实际上是一个家族的代称。

样式雷祖籍江西南康，就是现在的永修县，从康熙中期雷发达来到北京，一直到民国初，前后八代人，长期主持皇家样式房的工作，在皇家建筑营造尤其在设计方面，代代相传，做

2006年测绘时居住的小院。

出了巨大贡献。[1]

当谈及这些图档与颐和园的关系时，老王老师介绍："颐和园在乾隆时叫清漪园，被英法联军毁掉后重修，后来被八国联军毁了又重修，也是由样式雷承担设计。"一谈起样式雷，王老师往往会很激动，嗓门也会随之加大：

"在各国古代建筑师中，有这么多作品被列为世界文化遗产的，恐怕找不到像样式雷这样的建筑世家，（其作品）对今天依然还有那么大的影响。"

车子快到颐和园新建宫门时遇到同学乘坐的大巴车，一同抵达东宫门南侧颐和园修缮队（三队）的办公区大院前，同学们开始往车下搬运行李。园方在附近的颐和园小学里为今年的测绘学

---

[1] 王其亨，《样式雷图档——华夏建筑意匠的传世绝响》，收入张宝章、雷章宝、张威编《建筑世家样式雷》，北京出版社出版，2003年6月第1版，第152—153页。

颐和园三队院内
大柳树下的石残
2008.7.27

生新盖了三间铁皮房，据说花了十几万，里面装有空调，第一期来测绘的学生都住在那里。

老师和参加测绘的研究生住在工程处三队的办公区，一个相对独立的小院内。

三队办公区的院子中央有一棵大柳树，树下有几块园林用石的残件，有抱鼓石，也有湖石；院子中跑着一些野猫，房檐下还摆着几个供这些生灵吃喝的瓷碗和瓷盘，当是爱猫人的善举。从另个角度看，生活在这里的野猫应该是幸福的，既有如此大的园林可供消遣，还有喜爱它们的人提供食物。

下午由古建专业的一位研究生带队领着师生们去园内看测绘现场，同时分配各个测绘小组的任务。

一行人由隔壁大院中的一个角门进园，进园后即可看到右手的文昌阁建筑。穿过文昌阁下的门洞，即来到颐和园的前山前湖

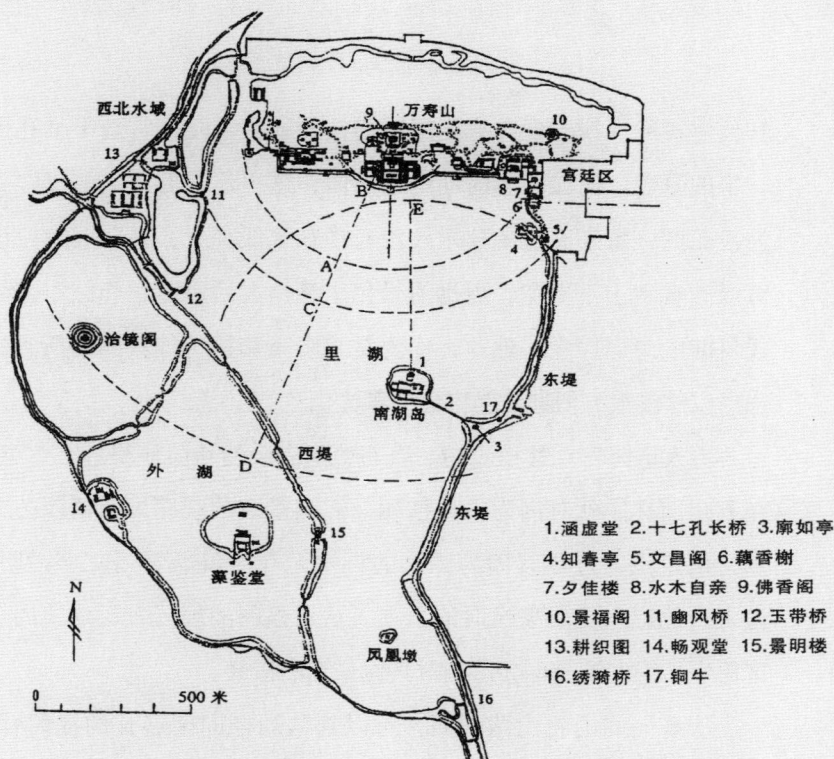

颐和园景区结构图。2006年指导的测绘任务位于以仁寿殿为主的宫廷区。

（来源：周维权著《园林·风景·建筑》，天津百花文艺出版社）

西北水城

万寿山

宫廷区

里 湖

南湖岛

东堤

外 湖

藻鉴堂

西堤

东堤

治镜阁

凤凰墩

N

0   500 米

1.涵虚堂 2.十七孔长桥 3.廊如亭
4.知春亭 5.文昌阁 6.藕香榭
7.夕佳楼 8.水木自亲 9.佛香阁
10.景福阁 11.幽风桥 12.玉带桥
13.耕织图 14.畅观堂 15.景明楼
16.绣漪桥 17.铜牛

景区。为了躲开园内众多的游人，我们没有在仁寿殿附近停留，而是经过德和园大戏楼东侧的胡同和赤城霞起城关，先转到颐和园东北角的谐趣园宫门和西侧小道，沿后湖岸边走一段平路再上山，这里有万寿山东侧山麓的三个景点：乐农轩、益寿堂和景福阁，尽管以前来过几次颐和园，但多是沿着山下的游览路线游览，这几处景点也未曾来过。

站在景福阁的平台上往山下观望，因建筑周围的一些树木已经长得十分高大，部分树枝往往会遮挡住眺望山下昆明湖和观看其他建筑的视线，现在只能通过树枝间的空当儿欣赏到十七孔桥一带的景色。而在乾隆时期的清漪园，这里建有五边形的佛殿名为昙花阁，想来周边的树木还没有现在这般高大，站在阁上应该可以欣赏到山下更宽、更远的景色；慈禧太后重建颐和园时才改成目前的单层厅堂式建筑，作为赏月听雨和招待外宾的场所，想来也应该能很方便地欣赏南面的湖光山色。

　　古人造园喜欢移植古树、奇石，两者会使新园显得具有古意，在苏州园林中就有因为古树枯死而影响景点的观感，如留园的古木交柯景点，近年就因为原来的古木无存而仅能看到文字说明，游人到此也只能想象当时的景观。从景福阁的现场看，建筑周边古树生长得太繁茂也会影响对其他景点的借景。

　　从景福阁沿着山路向西，可以到达同样向南展开的福荫轩。它与别处建筑的不同之处在于建筑立面上的曲面处理、折线处理和屋檐上的女儿墙处理。匆匆看过以后，测绘小队继续向北走，翻过高岗后在下坡处找到花承阁遗址：在一块平台上可以看到原来的柱基痕迹和几块残垣断壁，位于院落中的一个石制花池做工甚精，四面都有雕工。此处离西侧的五彩琉璃塔很近，乾隆时期为同一组建筑群。

　　下山后沿着后湖岸边走到北宫门南侧的松堂遗址，再沿着后山设在须弥灵境遗址中的阶梯往山上爬，同学们正当精力旺盛之际，爬山如同体能之竞赛，大家都爬得很快，到山顶歇息时可以看到同学们头上冒出的热气和被汗水浸湿的 T 恤衫。

　　到山顶后发现"众香界"建筑群正在搭架维修，因为被绿色

图例

■ 光绪时原样重建	□ 遗址		
■ 光绪时改建	山区		
■ 光绪时新建	小路		
■ 未焚毁	■ 1949年后复原或改建		

昆 明 湖

防护网围着而看不清里面的建筑面貌；又沿着北侧木桥绕到山顶西边的山路继续西行，一直到"湖山真意"亭才休息了一会儿。从这里可以看到西面玉泉山的全景，俯视南侧的画中游建筑群，只是亭内游客很多，很难有静下来欣赏风景的心情。

大队人马又向西走了一段才沿着山路下山。这次测绘的最远点位于石舫东岸一组叫做寄澜堂的湖边建筑，估计由我们的住处走到这里得半小时以上。

回程沿着长廊由西往东走，因长廊也在修缮，整个建筑都用施工材料包裹起来，隔断了长廊两侧的景观，使得沿湖一线的景色减弱很多。带队老师从石舫开始陆续安排各组的测绘学生，当走到排云殿大门时，几个青年教师带着学生进去看半山上的测绘点。

我和小王老师带的一组学生被安排在离住处较近的地方：测绘颐和园的宫廷区（也称办公区），从东宫门外的四柱七楼的"涵虚"牌楼起，经过东宫门外的红砖影壁，一直到东宫门、仁寿门以及仁寿殿为轴线的建筑群。与小王老师合作已是第二次，第一次是1984年暑期的清西陵测绘。那一年6月刚刚得知已经考上建筑系的研究生，本应该暑假后再来学校报到，但是因为当年系里能带测绘的老师不足，系主任胡老师决定当年的设计专业研究生（男生）都充作测绘老师使用。当时与小王老师带一组学生测绘清西陵的慕陵建筑群，住在陵园大门外的西侧朝房里。我俩和82级的男同学一起打地铺在那里坚持了一个多月。那时的成果是手绘的钢笔图，测量过程和画图都需在测绘现场完成。

这次来的五位测绘男老师（管测量仪器的老师后到）都住在三队办公院里靠近东北角的一间平房内，房间内有三张上下铺的铁架子床，上下可住六人，选了靠东窗的上铺搭蚊帐、铺床位。另外一间南房作为堆放仪器和几个研究生的住地。

隔壁的颐和园食堂明天才正式向我们开放，今天的晚饭只能自己解决。老王老师带着我们几个老师和部分研究生一起去附近找吃饭的地方；绕过东宫门和颐和园东墙外的小路（宫前街），再垂直跨过颐和园路，在骚子营的胡同里找到一家小饭店用餐；据几个研究生讲，他们已经来这里"试吃"过几次，觉得味道和价格都可以接受，最后由老王老师埋单。天津大学近年的颐和园测绘始于2004年，当年为了配合佛香阁的大修，仅来了一些学古建的研究生；去年则来了部分师生测绘了后山区的谐趣园。

在胡同口的小摊上，老王老师买了一双胶底布鞋，说是为了这次测绘爬梯子用。行前的动员会上曾提出要求，测绘工地上不许穿拖鞋和凉鞋，所以学生们大多穿的是旅游鞋。

晚饭后，在院子里办公的颐和园职工都已下班回家，只剩下我们这些"新员工"和跑来跑去的猫群。这些借住在办公区廊下的小猫共有三群，分别由两只白猫和一只黄猫带领，另有两只比较活泼的公猫，一只为花狸条纹，一只为黄白相间的毛色。

在一起玩儿的时间长了，它们也就不怕我了，有时会走过来让我给它们挠痒，只是野猫身上有跳蚤，被咬几次后只好隔段距离去观察、逗弄它们，不敢与它们太亲近。

02

仁寿殿，九卿房

　　早晨被由东面高窗射入的阳光照醒，用脸盆从院子里的自来水龙头接水，洗漱，然后到隔壁院子里的颐和园食堂吃饭。

　　8 点过后，同学和老师集中在食堂前的空地上，聆听昨天见过的颐和园领导训话，主要内容是强调测绘时需要注意的问题：在测绘时既要注意自己的安全，也要注意自己的言行和游客的安全。颐和园是对公众开放的园林，现在公众的文物保护意识增强了，看到工人上房踩坏一块瓦都会向颐和园管理处报告。最后嘱咐：无论如何，千万不要与游客发生口角和冲突，等等。

　　这位领导对我们在学校做好的安全提示牌子不太认同，主张用简化字代替牌子上的繁体字。理由是"主要是给一般群众看的，

上：由仁寿殿西南角的小路看仁寿殿，右侧为国花台。

下：从东侧庭院看仁寿殿。

他们很多人不认识繁体字"。这种安全提示牌是近几年测绘时出现的产物，由于测绘建筑多是供游客参观的景点，为了提醒游人注意自身安全和防止发生意外，当有学生登高测量时，往往会在附近区域拉起一条绳子，提示游人不要过于靠近这块区域。

集中讲话完毕，各组老师带着本组学生去测绘点，众人随即散开。

我和小王老师商量后，给我们带的学生布置今天的测绘工作：先画测绘草稿，为后面的标注尺寸做准备。我们组共带有十四名学生，大概分工为：仁寿殿四人，北配殿两人，仁寿门和北九卿房两人，东宫门和外面朝房三人，大影壁和外牌楼三人。像昨天老师带着同学熟悉颐和园一样，我俩要求组内学生先跟着老师将组内测绘点走一遍。

第一个测绘点是位于颐和园宫廷区内的核心建筑仁寿殿。

晚清时这里是光绪皇帝和慈禧太后处理朝政、接见外臣的办公场所，为颐和园中宫廷区的一个主要建筑，目前的室内家具和陈设基本保持原样，都属于在册文物，据说最差的一件也是三级文物。白天园方在大殿里安排有一名工作人员，早晨上班后负责打开东向大门同时疏导门前的游人，因大门外还有黄铜的栏杆防止游人入内，游人只能隔着栏杆向里面窥视一番，当游人过多时也会出现拥挤现象。

当我们几位老师带着四名学生要进大殿熟悉环境时，室内服务员才将栏杆上的锁具打开放我们进去：室内空间很大，正中部分是高起于地面一米多的木制高台（地平床），上面设有雕花宝座和书案，面对大门一侧有三组台阶，两侧还各有两组。在台阶之间设有一些景泰蓝材质的香炉，立于雕花的香几之上。在宝座后面设有一面两米左右高的穿衣镜，大殿屋顶的四角都设有水晶吊灯。

留下测绘仁寿殿的四个同学在现场画测稿，我们又带着小组的其他同学去各个测绘点交代各点的工作，一组组走过去，一直走到东宫门东面的涵虚牌楼，这里原来是城里到颐和园的必经之路，如果从东往西看，透过中间牌楼构成的"景窗"，可以看到远处的佛香阁和更远的西山。

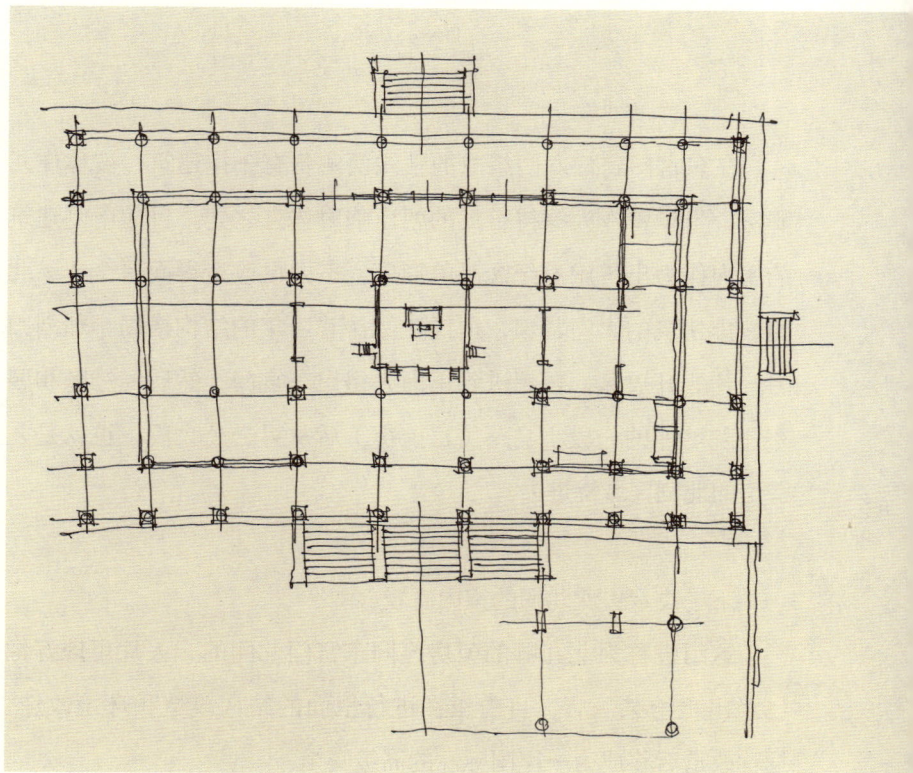

　　交代完各个测绘点的工作，即回到东宫门北侧的侧廊下休息，静静地看着第一进院子里的众多柏树和一组组在导游小黄旗指引下的游人，因为这里是颐和园的主要出入口，每组进园游人都会在此停留一下，听听导游对全园的解说；出园的游人则显得很疲惫，往往在侧廊的台阶上休息、喝水或等待同行的伙伴。人来人往，川流不息。

　　每天从早晨开始，大影壁到东宫门之间的游人都很多，旅游团的游客往往在这里等着导游去售票处购买团体票，再由导游分头带进园内游览；一些散客也在这里聚集，或以颐和园大门和门前的铜狮子为背景拍照。

在东官门到仁寿门组成的轴线两侧各有一排建筑，被称作九卿房，当年曾作为等待召见的朝臣临时休息之处。目前南侧建筑的室内作为出售旅游纪念品的商店，室内已改造得面目全非；北侧一排建筑的大门紧锁，据说还保持着当年的结构格局，却划归另一片非开放区，要想进到里面先得出东官门，然后经过颐和园东侧院墙外的一段小马路（官前街）后从另一个大门，也就是九卿房的北侧区域绕进去。

下午决定去北九卿的室内看看。

这组被称为北九卿的朝房连同东官门北侧的一大片用地好像已经出租给某酒店，目前正在进行里面的结构改造和环境改造，据称改造后将成为一座国际性的高级宾馆。

后来在旅游频道看到一组节目，介绍世界各地有地方特色的酒店，其中提到的阿曼颐和园指的就是这里。其中的精华部分位于靠近北朝房和北九卿房的北侧部分，光绪时期称作东八所和茶膳房。从介绍上看，其中的一组南北轴线上布置有三进院落，轴线上的主要建筑相继安排为咖啡厅、文化会馆和池畔酒吧，另一组轴线上安排有法式餐厅、中式餐厅以及游泳池、健身房、电影厅等。据说，酒店为每位客人安排六名服务员，其奢华程度可以与清室贵族媲美。

而位于小马路上的大铁门则换成了带有黄色门钉的红漆大门，大门附近没有挂招牌，门前新设了两个石制狮子，并安排有穿深色制服的门童作保安。

颐和园里一位姓张的工程师带着我们几人由东宫门出园，然后沿着大门南侧的人行道向东走，经过小石桥后沿着宫前街向北走，从马路西侧的两扇大铁门中的角门进入一个院中院。在院里再绕到北侧朝房的室内，因为要改成宾馆，工人们已经把原来的屋内平顶挑开，好对上面的梁架等做防火处理；这样一来倒使我们这些测绘人员可以清楚地看到里面的梁架结构，也方便后面的拉尺测量：由于房间的进深小，又是一层建筑，梁架关系并不复杂。

回到园内开始检查今天上午的测绘工作进展。

测绘北配殿的两个同学已经画出一套简单的平面、侧面测稿，随即到殿后北侧的一个职工小院里通过后面的檐柱下方观察内部的柱子、望板位置，在这里发现配殿北侧的一块望板有活动迹象，猜测很可能是一个检修孔，不知道是否可以从这里钻到顶部梁架内去测绘。

古建筑测绘工作包括测量外面可以看到的部分和外面看不到的内部两部分，后一部分只能爬到梁架里面用手电照着去测量，工作相当艰苦，而这部分又是绘制建筑剖面、了解古建筑构造必不可少的。

北九卿的两个同学也干得不错，已经画出房子的正立面和侧立面测稿，看完他们的测稿后给他们出主意，看看能否通过侧立面确定剖面中梁架的大概位置，以方便勾画建筑剖面。由于北九卿的入口不在颐和园一侧，进出一次很麻烦，只好用轴线南侧的同类建筑替代；后来发现在南九卿建筑的东侧有个堆放杂物的小跨院可以在眺望侧立面时使用。只是小跨院内的空地有限，加之没有登高眺望的梯子等工具，使得仰头观察侧面很困难，后来是测量这里的男同学把我托起来向上看了一会儿，才算对梁架位置有个大概的了解。"好一把力气！"想不到这个中等身材的男生有这么大的劲儿。

晚上快9点时，与小曹、小王老师在临时宿舍检查学生们画的测稿，有督促学生整理当天工作，加快测绘进度的意思。看测稿前曾先给同学讲解我们对测稿的基本要求：

首先，先画整体，分出大块，对界面的转折之处要交代清楚。其次对材料、色彩的变化之处要分清楚，要分大尺寸，标注大的尺寸线，开始时可以省略一些纹样和细节。测稿的深化是一项逐渐加工的过程。最后，对檐口的滴水和沟头等细节应搞清楚个数，标注他们与柱中线的对位关系，例如先在远处确定建筑的中心线是对实（指正对勾头）或对空（指正对滴水），其余的部分标注尺寸即可。由于中国古代建筑多呈对称性立面，找到建筑立面的中心线虽说不难但很重要。

原来的测绘参考书《古建筑测绘与维修》对学生们在这个阶段画测稿帮助很大，但这次询问同学，多未带此书，不知何故。

目前古建筑测绘中要求的测稿深度要与国家文物局的标准相一致，不仅各种测稿要齐备，尺寸标注的要求更细，而且要求对测量的各部分拍摄现场照片，与现场测稿一并归档。

后来专门指定几个随队的研究生负责现场拍照，又建议每个爬高上屋顶的同学也帮忙拍些细部，好在现在的同学多带有相机，拍照并不困难。

　　待把这些事情交代完，把各组同学的测稿都看一遍，同时提些改进意见，手表上的指针已经过了晚上 11 点，与大家分手后草草地洗漱后上床休息。

仁寿殿和
北配殿的内部

（2006 年 7 月 4 日，周二，晴）

　　早饭后与小丁陪着老王老师由东宫门进园，先到仁寿殿内
详查。

　　殿内后门附近摆放有两面红木立框的水银镜子。大些的高度
在四米左右，宽度在两米以上，具有令人震撼的大尺度，据说是
乾隆清漪园时期保留下来的原物，尽管镜面上的水银多有脱落，
但保留至今依然十分难得。另一件尺寸稍小，大概为清末重修颐
和园时所立，经过一百多年的岁月，镜面依然平整，能把物像反
映得十分清晰，可见当时工艺之精良。

　　室内的小件陈设（如香炉）等都以掐丝珐琅工艺为主，铜丝
之间填以天蓝色珐琅料，发色纯正；令人惊奇的是在硬木家具的

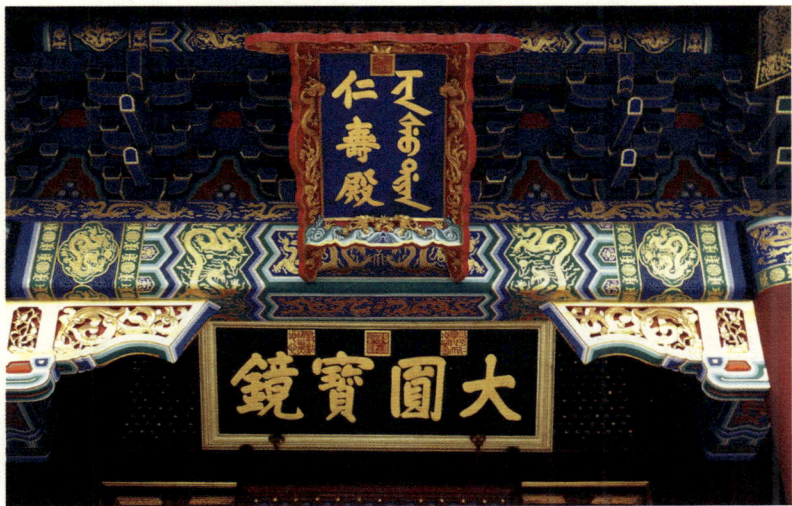

包角部分也使用这种珐琅镶嵌工艺，可见当年宫廷对这种材料的喜爱。

在室内临近墙壁的四边平台上都有用木板覆盖的板块，下面是冬季为生火取暖准备的灶台，可见在设计时已经考虑到北方冬季的取暖问题。

乾隆时期这组建筑被称作勤政殿，布局与现在相仿。那时因在圆明园设有皇帝办公区，乾隆在这里处理政务的记载不多。勤政殿和圆明园都在1860年被英法联军烧毁，当1892年重建颐和园时考虑到光绪皇帝和慈禧太后要在这里接见臣僚、处理朝政，为此专门强化了这片宫廷办公区，并建成仅次于故宫的一片宫廷区。仁寿殿的名字取自《论语》"仁者寿"之意，殿内宝座上方悬挂有"寿协仁符"金字大匾，匾下设有金龙盘边的玻璃围屏，上面刻有不同字体的"寿"字，宝座两边的抱柱上挂有一副对联，上联为：星朗紫宸明辉腾北斗；下联：日临黄道暖景测南荣。戊戌变法失败后，慈禧太后住在颐和园时，往往坐在地平床上的宝

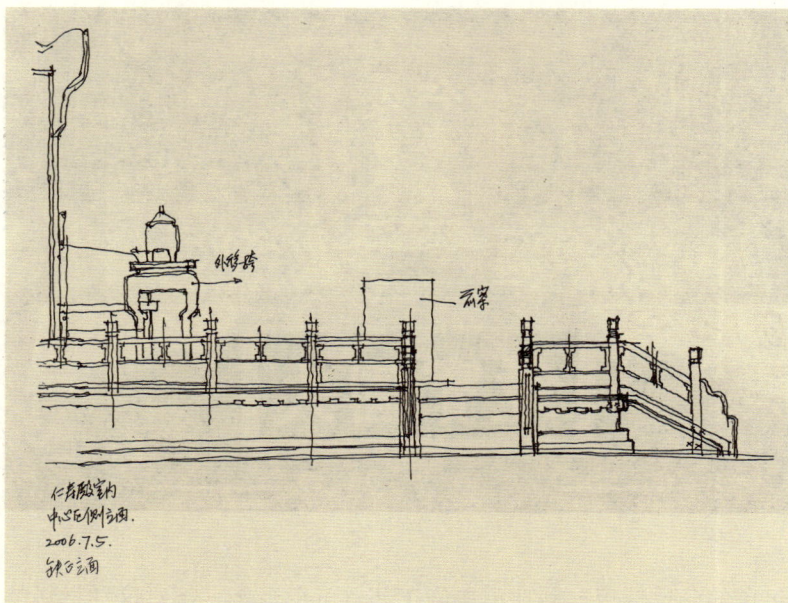

座上训政，另外在地平台的左侧为光绪皇帝设一个宝座。

　　据史料记录，帝后临朝多在黎明时分。这时天色未明，值班太监会打开大殿内的水晶灯和前后大门，在殿内外的鼎炉里放置香料点燃，造成一种香烟缭绕的神秘气氛，随后，大臣们由前门鱼贯而入，分班站立，帝后则由仁寿殿后面的隔扇门进殿，落座。据清宫档案记载，1897 年曾在这组建筑群里举行庆贺慈禧 63 岁生日的筵席，庆寿的宴桌多摆在大殿内和仁寿门两边的院子里，在东宫门内檐下安排有面西演奏的宫廷乐队，可算是宫廷区的多功能使用实例。

　　老王老师针对现场情况给出的意见是，要抓紧时间测量室内的地平床、宝座、家具和挂落等物品，因为室内测量需取得园方文物处的同意，又得有工作人员在场，受时间制约的因素较多；至于建筑立面和外檐装修的测量，工作人员下班后依然可以进行。

后来证明老王的话很有预见性，几天后园方就不再为我们进入室内测量提供条件了，这是后话。

下午查看位于仁寿殿东北角的北配殿室内，两个同学在室内拉尺寸，由一位园方的女工作人员陪同，她原来负责室内展览的讲解和卫生。

北配殿的室内空间和装修基本保持原样，两种透雕挂落将室内空间分成五部分：中部、次间和梢间。中部空间和次间由隔扇窗和雀替构件分隔，次间和梢间之间在两侧部分又加了两段装饰。这里的落地罩部分都是红木透雕，做工和材质都非民间工艺可比。据说这两个配殿的功能是："外臣谒见（皇帝）后赐御膳之处。"北配殿室内还保留有当年的字画装饰原貌，尽管有些字画的装裱部分有些残破和撕裂。

在分隔主次间的隔扇窗与纵向横梁之间有一块大的帖落画，画心上镶嵌着由同治年间的状元、曾任礼部尚书的徐甫写的大篇书法，内容为宋朝司马光所著的《独乐园》部分；徐甫的书法字体工稳、浑厚，深具台阁气象，书法内容又符合颐和园的宫苑特点，能在这里悬挂多年应该是得到了清朝帝后的欣赏。

快收工时，又与小王老师去东宫门外的朝房（现在做售票处使用）看了看，与学生一起测量了正立面的几组尺寸后，发现这里的明间、次间和梢间的尺寸基本一致。再转到房子后面，看到槛墙上面的菱形窗还基本保持着原来的面貌。这两排外朝房各由两栋五开间的单层建筑组成，室内为四架梁结构。

晚饭后约小王老师出去散步，先到谐趣园官门，再沿后山小路走到石舫，后从前山沿着长廊回来，大概用了一个多小时。在松堂和船坞之间，发现几处遗址很是清幽，其中之一为清可轩遗址，里面的几组建筑遗址设在几个不同的台地上，有的靠近石壁，有的把石洞包在建筑内部，石壁上摩崖石刻甚多，时至黄昏，多来不及细看，可改日再细细游览。

晚上躺在床上，翻看一篇有关样式雷与颐和园的文章[①]，了解一些样式雷图档与颐和园的关系。

在北京西部的"三山五园"中，唯清漪园建造的时间晚，瓦木结构坚实，虽然遭到1860年英法联军的劫毁，但骨架尚在。根据同治三年（1864）内务府对清漪园内各个单体做的清点，得知尚存建筑40处，其中前山25处，后山14处，昆明湖9处，后来光绪时期的修建就是在这个基础之上展开的。

同治年间，样式雷第七代传人雷廷昌随父参与慈安、慈禧两位太后的陵寝工程，而后独掌清东陵中两位太后陵寝工程的修建，很受太后们优遇。后来重修圆明园时雷廷昌等曾多次受到皇帝和太后召见，光绪初年他们又参与修缮北京城内的三海工程，深得皇室器重。这时在样式房供职的匠人有16名，其中雷姓族人占有

---

① 徐征，《样式雷与颐和园》，收入《建筑世家样式雷》，北京出版社出版，2003年6月，第101—138页。

上：位于仁寿殿西侧的假山，成为分隔办公区与帝后生活区的分界线；其中有小路通往帝后的生活区。

下：仁寿殿西侧立面，帝后可穿过假山来此「上朝」会见大臣。

6 席。

　　光绪年间整修颐和园，由雷廷昌负责的样式房付出了巨大的心血。留存到现在的样式雷图文档案超过万件。光绪年间，他们为重建颐和园所绘的图纸就有 308 张（其中经鉴别标明"样式雷"制的图样）。据学者徐征介绍，这部分图存只是他所能看到的部分。由于现在的样式雷图样分归不同的单位收藏，大部分图档不对外公开，所以查阅起来很不方便；国内的主要收藏单位有：中国国家图书馆、故宫博物院、台北故宫博物院、中国第一档案馆、清华大学建筑学院、国家博物馆、北京档案馆等。

　　在前些年的一些古籍善本拍卖会上，还可以零星见到几张"样式雷"图纸的拍卖，但起拍价已经很高。那时向老王老师建议我们学院可以选购几张作为"镇馆"之宝时，他曾回答："一张、两张不解决问题，这些图纸只有经过整理和系统研究后才能发挥其学术价值。"实际上，后来能够见到的样式雷图纸价格已经越炒越高，再想买下来已有难度。

04

北九卿，北配殿，仁寿殿

（2006 年 7 月 5 日，周三，晴）

　　昨天曾计划今天上午去测北九卿的三个房子（实际上是九间）。告知小王老师后，他提议也给其他组的同学做个示范"看看如何标注尺寸"。就这样，早饭后我俩带着组内十几个同学一同绕到北九卿房子的内部，让两个男生抬了一个木梯子随行。

　　古建筑测绘的程序大概可以分成四块，现在有三块工作要在现场完成，最后一项工作回校完成（1990 年代以前这四块工作都在现场完成）。其工作包括：1.画徒手的建筑测稿，平面、立面和剖面要完整，画得大一点；2.现场测量尺寸，在测稿上标注尺寸；3.核对尺寸，看看平、立、剖的尺寸是否有差异，然后按比例画仪器草图，这期间还会到现场补充数据；4.画正式的计算机图（早

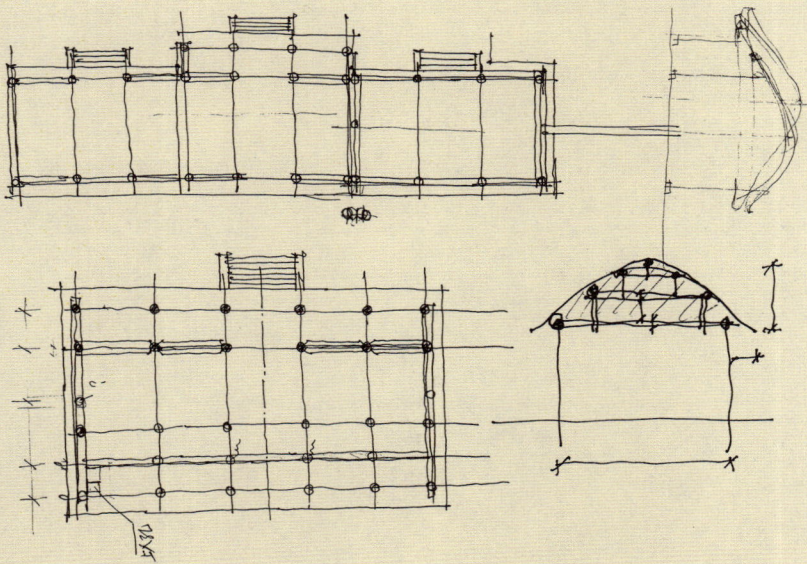

年画墨线图）。

　　北九卿的房子相对简单，从室内看梁架剖面，最大部分也就是二步架梁，民间称作五架梁。将梯子的一头架到三角形梁架的横梁上，另一头斜置在地面上，摇摇看是否稳定，确认稳定后小王老师拿着皮尺上去测量，先垂尺测量梁下皮到地面的高度，然后再测量木梁的高度和厚度，梁架上面的小尺寸多用钢卷尺测量，我在地面上负责记录；他每读一个数，我得先在测稿上找到测量的位置，然后标注数字。就这样抬头，低头，将测量得到的数字一一写在测稿上，如此这般得到一份剖面梁架的原始性数据。其他同学有的扶梯子，有的围在周围观看。只是室内朝向南侧的窗子都关着，不大的室内空间更加闷热，不久就冒出一身汗。

北九卿东立面局部，建筑位于进入东宫门后的第一进院子里。

　　我俩的"试验演出"忙乎了近一个小时才告一段落，离开北九卿前把一些测量要点交代给留下继续测量工作的两个同学，再把其他学生由一处靠近东宫门的民房之间过道中带出来，这条近路是上次"踩点"时张工告知的，既可以避免走回头路又可以节省许多体力。

　　看看离吃午饭还有一点时间，让同学们把另一条较长的梯子架到北配殿的后院里，查看北侧屋檐下的一个上人孔能否进得去人。

　　这两天颐和园方面为了配合这次测绘工作，已经把北配殿屋檐下的防护网剪开一个缺口。这种防护网是防止鸟儿钻到斗拱之间做窝而设的。人们研究后发现，鸟儿的排泄物不仅会污染斗拱上的彩画，而且对木料也有伤害，所以文物部门在一些保护类的重点文物中多使用这种防护措施。防护网多采用有网眼的铁丝网，对游人欣赏古建筑的影响不是很大。

　　小王老师爬到梯子的顶端，探进身子向上人孔里看了看，觉

得如果人从"采步厅"部分爬到梁架里面，就有可能直起腰，然后测量里面的数据。得知这个好消息，大家觉得测量北配殿就多些把握。围绕北配殿东侧和北侧的小院因为不属于游人参观范围，显得比较安静，这样测量时也可以避免游人的围观。

下午又让小丁钻到北配殿的上人孔里看看上午的计划是否可行，随后又让测绘北配殿的两个同学进去看了看，大家觉得由这里进去的方案可行，可以清楚地观察和测量里面的梁架。过一会儿，基建队的张工也赶到现场，主要是担心有人从上面不小心掉下来，按他的话说就是：即使不测量某些部位也不能出什么事！近几年大家对施工安全问题都比较重视，调门也提得越来越高，可以理解颐和园方面作为甲方的担心，"大家都是为了学生好嘛"。

上午曾去看仁寿殿测点的同学测量平面，看到他们用两米长的钢卷尺一段一段地量着平台上的尺寸，觉得与常规的测绘方法有些不符。现在的测量方法要求先拉建筑大的尺寸（总尺寸），然后再量一些分段尺寸（如柱子开间），不能用累加分段尺寸的方法

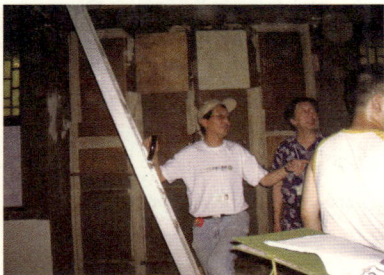

测绘组测量北九卿室内时的工作照。

去推导大的尺寸，如果方法不对，很容易导致测量数据不准。目前多用皮尺测量，如果皮尺拉得不紧，读出来的数据同样会有误差。

从北配殿后院出来又赶到仁寿殿侧面，带着这里的同学在殿南侧和殿西侧的平台上一起拉尺寸，先拉大的尺寸，再测量柱子直径、柱础等小尺寸。好在游人多集中在仁寿殿的东侧，这里受到游人的干扰较少。

过了一会，夕阳透过西面的假山和树枝散落在附近的墙面和地面上，呈献出美妙的橘黄色和橘红色，几个拉尺的同学也都被这种暖色调所笼罩，呈现出一种半逆光的效果；如果拍成照片一定会得到不错的影像，可惜，我的手动相机下午没带在身边，后来才补拍一张。

晚饭后，几个老师坐在三队宿舍门前的台阶上抽烟、聊天，听小丁讲起下午在北配殿的"发现"：在屋顶梁架中发现正檩中保留有高级彩画，从图案处理看，当是清代修建颐和园时的原画，因为未受风雨和光线的侵蚀，现在看起来还"色彩如新"。老王老师听后很兴奋，给我们解释说：这就是样式雷图档中所记载的"供梁"，实际上是古建筑施工中的一项重要仪式，目的是希望建造的房子能够被子孙长久地使用，保佑主人平安，有激励工匠认真做

事的心理，当房屋建成后往往就被隐藏在梁架之中。联想到 1980
年代在皖南调查民居时，也曾见到现代民居建造中依然延续这种
在主梁上画彩画、挂红绸的习俗，看来历史还是被不知不觉地延
续着。

　　这件事也从另一个方面证明北配殿的梁架还保持着当年建设
时的原样，带有大量的原始性历史信息。

05

仁
寿
殿
、

转
轮
藏
、

涵
虚
牌
楼

（2006 年 7 月 6 日，周四，晴）

现在各组的进度都差不多，有的在测量外部尺寸，有的地方
开始架梯子、钻顶棚，测量梁架里面的尺寸。上午第一件事就是
陪同基建处张工、老王老师等到仁寿殿内确定搭脚手架的位置。

现场拟定的方案是：在建筑的西北角外面搭一组架子，可以
兼顾到仁寿殿的角科斗拱、平身科斗拱和柱头科斗拱，大概三米长，
一米宽的样子；室内在宝座屏风的后面搭一组。张工再三叮嘱搭
脚手架的施工队队长要小心从事，"脚手架既要稳固，又不能伤害
室内地面"。又叮嘱我们说：上顶后不要走到宝座区的上方，否则
还需取得颐和园文物处的同意，事情就相对麻烦些。老王老师也
交代施工队的头头说：搭架子的费用最好控制在万元以内。

作者绘仁寿殿室内速写。

看来多余的钱只能由我们测绘经费来付了，但这件事实际很难操作；在场的年轻老师开玩笑说：总不能搭几节就问问：现在搭了多少钱？看看钱有富余就吩咐：再搭两百块的架子！

坐在大殿内的东南角画了一张大殿的钢笔素描（内部印象），目前的出版物中可以看到由专业摄影人拍摄的仁寿殿内景，但很少看到记录室内的绘画作品，主要是进到内部画画的机会并不多。

后来在2011年某期的《三联生活周刊》上看到一幅描述19世纪90年代，光绪皇帝接见外国使臣的情景画，其中的建筑背景很像仁寿殿内：皇帝坐在与仁寿殿现在格局类似的、有高台的宝座上，宝座后面有三折雕花屏风。在站立的大臣背后可以看到殿内的柱子和联系柱子上部的彩画额枋。但不知道画面是想象出来的还是有所依据。

在北配殿门口碰到小曹老师，听说小王老师已经带着两个学生钻进顶部梁架内部（我们称作上顶）。进到屋里发现上人的梯子已经被别组的同学搬走，他们要想下来也只能等别人送回梯子了。在北配殿里可以清楚地听到顶棚内几人说话的声音，原来室内顶部除了那些木制格架外，原来镶嵌在格架之中的木板大多已被纸制顶棚所取代，隔音效果大打折扣，只是不知道这种格架是否可以支撑住几个成年人的体重。

下午看到东官门各组的测绘学生已经安排就绪，决定到排云殿一带看看其他组的工作情况，拉着小王老师同往。

为了迎接 2008 年在北京召开的奥运会，颐和园的长廊和佛香阁都在大修：目前的长廊两侧已经被一种绿色防护网围了起来，一些工人在长廊屋顶上替换一些破损的屋面瓦，整修和调换一些糟朽的木构件。从下面仰视，佛香阁的周围也被脚手架围了起来，工人们应该是在进行一些类似长廊修缮的工作。记得小曹他们几个年轻老师议论，争取在 10 月份以前再组织几个人来，借用佛香阁上的脚手架把那里测量一下。

进入排云门和二官门后，在排云殿附近没有看到测绘的学生，想起小曹带着学生在测转轮藏，就沿着排云殿东侧的爬山廊赶到德辉殿北侧的一个平台，由这里经过东首的院门后再进入转轮藏景区。

转过三处阶梯，当接近这组建筑的平台时，首先看到的是耸立在三合院中央的一个四米左右高的台基座和一块十米左右高的汉白玉石碑，石碑的正面刻有"万寿山昆明湖"六个大字，为当年乾隆皇帝所题，石碑的背面刻有乾隆写的《万寿山昆明湖记》，记述了当年开挖昆明湖以及修建清漪园的缘由。石碑位于院落中央高出院落平面三米上下的台基上，台基做成须弥座形制，据说是仿造河南嵩山嵩阳观石碑的样子建成。

石碑的左右和后面分别设有两个两层高的转轮阁和一个两层三重檐的主体建筑转轮藏。三个建筑之间，主楼的两翼与两侧阁楼在二层用弯廊加以连接，从而形成一个半围合性的院落。清漪园时期，在东西两侧的阁楼中分别设有可以转动的藏经架，经架上面放置各种佛教类经典，故称为"转轮藏"。当年皇室成员来此地礼佛，转动里面的藏经架就仿佛阅读了一些佛教经书，有"做功德"的意味在里面。建筑群里的主体建筑是模仿杭州法云寺藏经阁建造的藏经楼，原来正楼中设有木制八方塔一座，九层木塔里供奉着近七百尊擦擦佛。

目前转轮藏室内的八方塔和所供的小佛像均已不存，转轮阁内还保留有木制的转经架。

找到小曹时他刚从另外一处的建筑顶棚中下来，衣服上还沾有一些蝙蝠屎，散出一种很奇怪的味道。好像很多的古建筑室内都有这种味道，后来得知这种东西在《本草经》中被称为夜明砂，为一种治疗眼疾的中药。

上：转轮藏景区的总体面貌，由佛香阁向下俯视。

下：由下面的平台仰视转轮藏建筑群。

一行人进到转轮藏的主体建筑内。

　　可以抻拉的铝合金云梯被架在侧面墙一侧，一个身材小巧的男生正在上面测量斗拱尺寸。这里的室内顶棚为平顶（也称平基），在屋顶与四面墙壁的交接处可以看到几层斗拱，梯子上的男生正在用钢卷尺测量斗拱。一会儿，一个穿着制服的女服务员进来交代：我们要下班了。催促室内的同学尽快结束下午的工作。

　　小曹把梯子上的同学换下来，自己爬到梯子顶端，把固定梯子用的安全绳一端从斗拱上解开，待回到地面后，大家有人扶住梯子，有人慢慢收回被拉长的梯子，使其恢复到一种折叠状态。现在为了保证测绘同学的安全，测绘前多由老师先上去绑好安全绳，工作结束后，再由老师上去撤掉安全绳，可见近年测绘时老师们对测绘安全的重视。

　　测绘到了现在这个阶段，为了尽快完成建筑高处的测量工作，梯子变成了各组"争抢"的对象，看看天色尚早，还可以测量一些室外的测绘点，就让转轮藏小组的男同学帮忙把梯子抬到东宫门外我们的测绘组。

　　为了抬梯子方便，避开排云殿附近狭窄的爬山廊和大量游人，小曹让服务员打开院落通向院外的东侧大门放我们出去。回程时大家轮换着抬梯子，为了避开旅游线上的游人，我们基本行进在万寿山的半山腰上，直到由永寿斋东侧的台阶下来，再经过仁寿殿、仁寿门和东宫门，辗转地把梯子送到"涵虚"牌楼下。

左：由东向西观赏「涵虚」牌楼，透过中部门框可以看到万寿山一带景物。

右：测量大牌楼时的工作照。

　　时至傍晚，来颐和园旅游的游人大部分已经散去，白天的暑热也在慢慢降温，消减，计划借着这段时间把大牌楼的主干部分测完。首先由老师上去绑好安全绳，然后安排测绘点的两个同学爬梯子测量尺寸：

　　先是女生小陈爬到梢间牌楼顶部，再转身骑在横梁的脊背上，再掏出挎包里的钢尺、纸和笔开始工作。看到这边稳定了，我们再把梯子转移到中央的斗拱部分，让男生小刘上去站在梯子上作业，他这时可以伸手测量牌楼中部斗科的一些尺寸。

　　看到组内的女生在牌楼顶部辗转腾挪，不慌不忙地做事，下面的几个老师不由得感叹：当代女子的作用真是越来越大了！

　　这时的太阳徘徊在西山附近，闪着金光的夕照可以平射到牌楼的西面，把牌楼的西立面染成美丽的橘红色，而东立面则处于阴影之中，有种神秘的群青色。

　　如果再退得远一些，由东向西望，透过"涵虚"下的中间部分，可以看到树冠之间的佛香阁和万寿山的顶部轮廓，这时的大牌楼

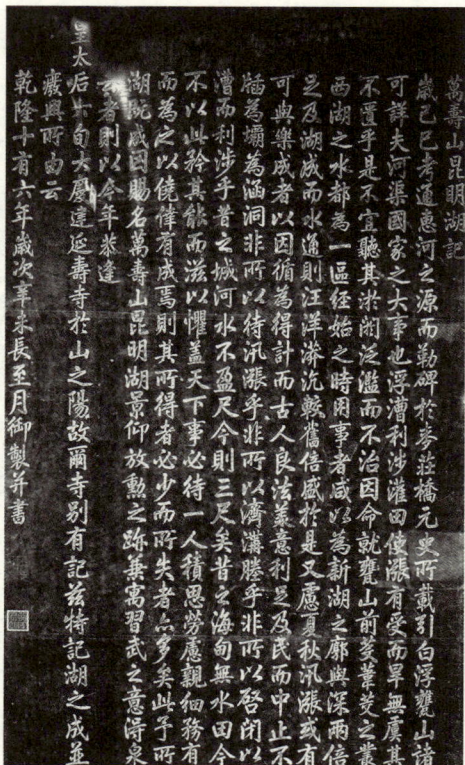

具有一种框景的作用。

晚饭后，躺在宿舍的床上找寻和阅读有关白天看到的、乾隆所写的《万寿山昆明湖记》。在这篇不到五百字的文章里，乾隆记述了昆明湖和万寿山的历史沿革；实际上，清漪园时期的昆明湖已经是他疏浚、扩展后的结果。乾隆十四年（1749）冬，高宗皇帝弘历即以兴修水利之名，"内帑出余储，乘冬农暇"疏浚了西湖，并按照造园的布置要求，将原来的西湖东岸向东移，将挖出的泥土堆在瓮山的东麓。当疏浚完工时，"新湖之廓与深两倍于旧——昔之城河水不盈尺，今则三尺矣，昔则海甸无水田，今则水田辟矣"。

在乾隆十五年又以祝母寿为名在万寿山上的主体位置建大报恩延寿寺，"因赐名万寿山昆明湖，景仰放勋之迹，兼寓习武之意。得泉瓮山而易之为万寿山者，则今年恭逢皇太后六旬大庆，建延寿寺于山之阳故尔"。文中所记，将西湖改成昆明湖又有效法汉武帝操练水军的昆明池之意。

　　清漪园时期，乾隆一共写了三篇与清漪园有关的题记，分别为：《万寿山昆明湖记》、《万寿山清漪园记》和《万寿山大报恩延寿寺记》，现在只有第一块石碑还保留下来。也可以找到依据石刻内容所制成的大幅拓片。

06

北配殿，
涵虚牌楼，
东宫门外影壁

（2006 年 7 月 7 日，周五，阴转云）

　　昨晚才得知，因园里的文物部门对学生在室内测绘有意见，或对测绘人员上顶棚的安全性有顾虑，取消了今天上午在仁寿殿搭脚手架的计划，甚至不同意测绘的同学再进到仁寿殿室内了，看来老王的预感变现了。

　　如此这般，测量仁寿殿的四位同学显得有些不知所措，只好安排他们干些别的工作，如校正平面尺寸，测量平台、台阶上的石块尺寸等。原想让他们用测距仪测量一些屋檐角科的升起曲线等，但赶到现场发现，测距仪已被其他测绘组的同学借走，只好打消这个念头。

　　忙完仁寿殿小组的事，赶到北配殿小组。先帮忙在北配殿后面的小院搭起较长的黄竹梯子，以方便师生上去测量。由于梯子比较重，需要三人以上才能把其立好、扶正，主要是顾虑梯子的顶端砸坏檐头滴水和筒瓦，动作可以用"轻手轻脚"四字来形容。

小王老师也在这里，我们一同交代组里的男生如何上去测量斗拱科的一些尺寸，同时交代爬梯子、上屋面等的"安全技巧"：

现在爬高多用铝合金梯子，比竹木梯子更加摇晃，开始上梯子时，身体应该向前倾斜，保证身体重心落在梯子上，这时多用前脚掌使劲，后腿跟上，要将劲用均匀，不要向前蹿着行进。

当测量屋面，要经过斗拱科上去时（多指梯子无法架到屋面滴水时），可以借力于扶斗木等木构件，而不要借力于滴水、筒瓦等砖石件，在古建筑中，木构件比之砖瓦件要牢固许多。

人到了屋面后，当发现有滑动的倾向时，要尽快将身体呈大字形平躺在屋面上，与屋面的接触面越大越好；越是许久不上人的屋面，瓦上的浮土越多，实际上很光滑，也有危险。当然，下雨后不要做屋面作业。

随后到北九卿建筑的南侧下面，将学生找来的一个小木梯搭到屋檐上方的滴水上，尽管建筑不高，还是试了两次才成功，然后是看着测绘这里的两个同学先后"登顶"。一会儿，测量东宫门外面"大影壁"建筑的同学来借这个梯子，与屋面上的同学联系后，嘱咐测量"大影壁"的同学，务必在一个小时左右把梯子送回来，然后才让他们把梯子搬走。最后开玩笑说："到点儿不送回梯子，屋面上的'果冻'同学就晒成果干了！"

　　东宫门外影壁是指位于东宫门外小广场东侧的红砖影壁，因有一条车行道在影壁前经过，使这一侧的环境显得有些喧闹，影响了一般游人对这里的注意和观赏；影壁东侧被一些树木和杂物所遮挡，加之东侧有河道与公交车的停车场，人们往往因为无法靠近而对其不太留意。历史上，当颐和园作为京城的另一个权力中心时，从"涵虚"牌楼东侧的跨河石桥开始就已经属于皇家御苑的地界，未得宣召的"臣民"实际上根本无法接近"涵虚"牌楼至"大影壁"之间的空间。设在这里的实体影壁，功能上具有划分空间层次、避免人们从东侧御路上"窥视"到东宫门活动的目的。现在，由于城市道路可以在影壁西侧穿行，使得原来位于东宫门东侧的两个外部空间也就显得不那么"神圣"了，甚至逐渐被人们所忽视。

　　这块影壁的历史可以追溯到乾隆时期，从目前保留在国家图书馆的图档看（指"万寿山颐和园东宫门外补修牌楼粘修桥座图样"），重修颐和园时在牌楼以西跨金水河的地方就标有影壁一座。

因其是砖石结构，不易被战火破坏，现在的"大影壁"应该保留有很多乾隆时期的特征。在清华大学建筑学院所著的《颐和园》一书中没能找到这块影壁和"涵虚"牌楼的单体测绘图，我们所有的工作只能从头开始，带着学生先从画测稿、标尺寸开始。

看着这几个同学把梯子抬走，我留在北九卿中部三开间屋檐下的台阶上，也好照顾上面的学生；对屋顶上的同学而言，有人在下面通话会使上面的同学心情安稳些；好在今天上午没有很强的阳光，属于薄云天气，无论是在屋面上还是坐在朝南的台阶上都不会感到太难受，就是让别的游人看着我长久地坐着不动有些"发傻"。

我就在那里清点院子里的柏树，数了一遍发现院子两侧的数目不一样，又数一遍还是不一样：院子东侧有 17 棵，院子西侧有 18 棵。可以告诉画总图的同学了。

中午小憩时，听到有的老师在住地小院中发火，原来是有个研究生找来些垫床垫（指充气床）的胶垫，准备剪下些绑梯子头，以避免搭梯子时碰坏瓦当；只听到大喊的声音："这不是败家吗！哪有用好东西绑梯子的。为什么不去捡些不用的毡子头来用？"

由于颐和园里的许多园林建筑的屋顶使用陶瓦，多年的风吹雨淋早已使得这些瓦片完全疏松，不仅人上去容易踩坏瓦片，就是梯子放在屋檐前端，也容易碰坏前面的瓦当或滴水。所以从去年测绘谐趣园开始，决定先在梯子头上缠些布条或毛毡再使用，别小看这一点点缓冲物，可以避免各种梯子对陶瓦的不必要伤害。

下午北配殿组的男生借来两个钻屋顶用的上顶灯，跟我和小王老师说下午要去钻天花板。

随后，我俩都来到配殿的北侧小院，安排他们上顶前的准备工作，审看测稿和测稿中遗漏的尺寸，叮嘱他们重点要核实那些有疑问的尺寸，然后帮他们稳住梯子，好让他们先后从北侧内檐的天花板中钻到内部。我们几人都等在下面。

这几天老王老师又给东宫门测绘组安排了两名古建类研究生，一男一女。另外还有一位高班的男生（去年已完成测绘）来帮忙正在测绘的女生，使组内成员又多了几个；每年都有几位爱好古建的同学或喜欢测绘生活的高班同学来做"志愿者"，因为他们刚刚测绘完，熟悉测绘工作，对这些同学我们也很欢迎。

我们几人有一搭没一搭地聊着天，同时有时间仔细观察这个小院。

小院呈长方形，大概十米长、七米宽的样子，实际上里面还有一排与北配殿平行的平房，民居里可能还住着一些颐和园的工作人员或家属。院内生长着两棵大树，有一棵为楸树，据说每年开花两次，长到现在这般模样也得百年以上了。从小院向东南方向看，可以看到三米多高的围墙和围墙外面的几棵槐树，尽管一墙之隔，但院墙和大门把外面殿前区的喧闹声和缤纷的色彩都挡在了外面，使小院具有了清幽、清凉之感。尽管这里属于宫殿办公区，但同样可以让人感到古典园林中"墙体"应用的魅力。

晚饭后，与老王老师到"涵虚"牌楼测绘点看同学们工作。看到小王老师和研究生还未回去，据说他们已经让人帮忙打饭。老王认为这个牌楼当是光绪年间重修颐和园时留下的，并且基本保留了原样。

从古建筑类型上，牌楼应当属于划分不同空间的一个界面性元素，从力学上看，这种放置在室外环境中的平面性建筑单体很容易因风阻而被大风吹倒，古代工匠由此想出一些加固和减少风阻的办法：例如在直立"平面"的两侧增加的斜向支撑，也称侧柱，为了抗风而增设一段位于建筑上层构件之中的雷公柱，为了泄风透气将设在大额枋上的镶板处理成透雕形式，等等。

老王说："新仿制的一些牌楼之所以不对味儿就是对古建筑细节缺乏研究。"

睡觉前继续昨晚的史料研究。

清漪园建成后，乾隆皇帝曾写过三篇题记，除了《万寿山昆

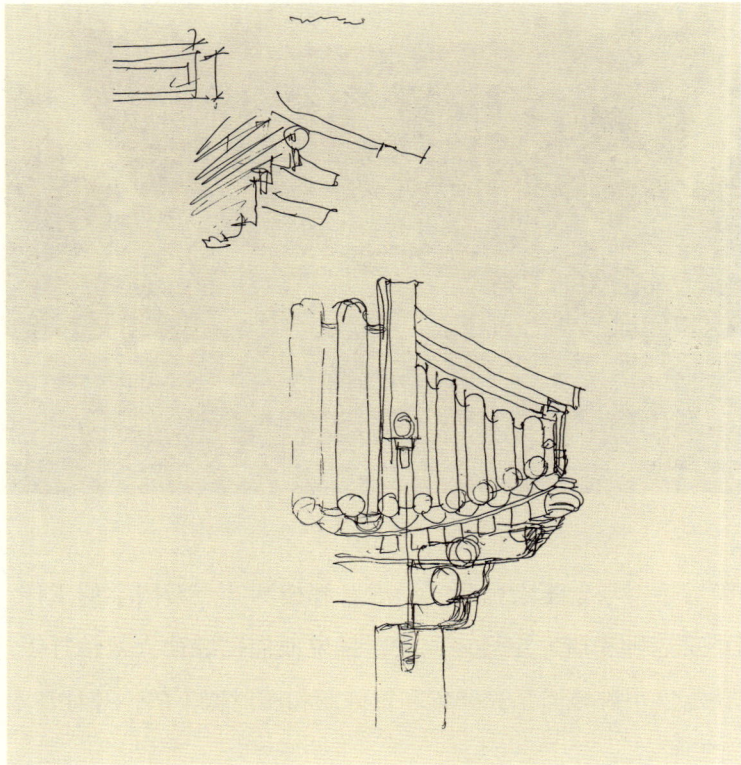

作者绘红砖影壁的角科测稿，为砖石仿木结构。

明湖记》之外，还有两篇为《万寿山大报恩延寿寺记》和《万寿山清漪园记》，特别是后一篇题记对我们了解乾隆皇帝为什么会在扩建圆明园之后，在许愿"后世子孙必不舍此重费民力以创建苑囿矣"（《御制圆明园后记》）的情况下还要兴修清漪园。

在《万寿山清漪园记》中有这样的自问自答："——以与我初言有所背——予虽不言，能免天下之言之乎？盖湖之成以治水，山之名水临湖，即具湖山之胜概，能无亭台之点缀？——虽然圆明园后记有云不肯舍此重费民力建苑囿矣。今之清漪园非重建乎？非食言乎？以临水以易山名，以近山向创苑囿，虽云治水，谁其信之？然而畅春以奉东朝（太后居住），圆明以恒莅政（行宫），清漪静明，一水相通，以为敕几清暇散志澄怀之所——过晨而往，逮午而返，未尝度宵。"

看到这里，我不禁发笑，眼前的乾隆皇帝如同与他人争辩一般的问答真的很有趣，也很鲜活地表现出乾隆的个性，既聪明又狡黠。文中也流露出乾隆修建清漪园的真实想法：尽管当时已经有了圆明园和畅春园，但其中一个为了处理政务，一个为了奉养太后，只有这个清漪园才是为了散志澄怀之所①。至于高宗皇帝是否在此住过，没有史料记载，已成疑案。但从现在流传下来的乾隆皇帝歌咏万寿山的一千五百余首风景诗来看，他对此园的喜爱溢于言表。

---

① 刘若晏，《颐和园》，国际文化出版公司出版，1996 年 10 月第 1 版，第 5 页。

07

仁寿门、
东宫门、
戊戌变法

（2006 年 7 月 8 日，周六，晴）

　　由于园方还是不让测绘仁寿殿，原来这个测绘点的四位同学只好临时改为去测后山的琉璃塔，地点在万寿山后山花承阁遗址的西侧，带队老师换成了陈老师。这样，原来安排在东宫门的五组同学如今只剩下了四组。

　　这四组的工作进度倒是差不多：北配殿组的室内梁架部分已有"眉目"，该测外檐的斗拱部分了。仁寿门组计划上午测量仁寿门两侧的影壁，下午测量仁寿门主体。东宫门组已经开始测量东宫门的侧立面，影壁和牌楼组还需要补充大牌楼的一些数据。

　　上午盯在仁寿门组，搞来一部竹制梯子搭在仁寿门旁边的侧墙上，送男同学上去测量两侧影壁的琉璃屋顶和琉璃檐口部分，

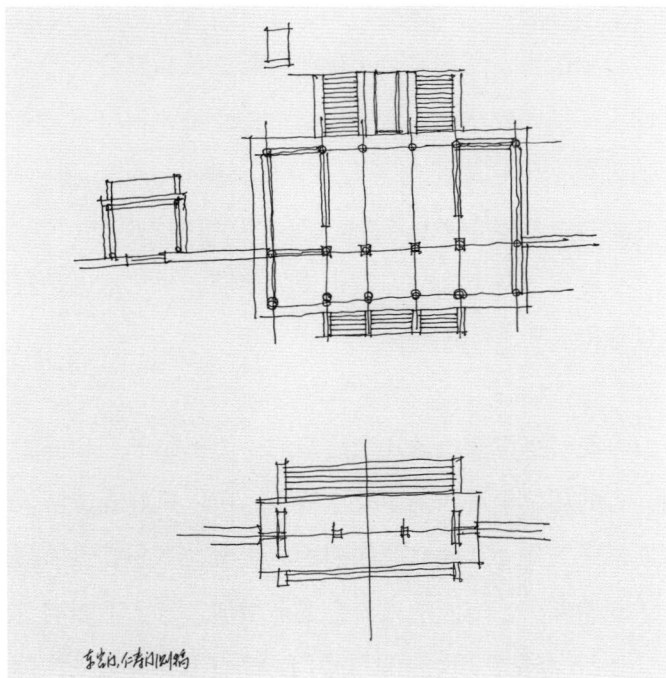

上：作者绘仁寿门角科速写。
下：作者绘东宫门与仁寿门的平面测稿。

这个男生的身手不错，与下面的女生相配合，一上午就基本拿到了一块影壁的主要尺寸。

借着在下面照看他们的时间，在寿星石的南侧空地上画了一张仁寿门的速写，近景是一棵老树的树干和树枝，主景是仁寿门和部分影壁，以及连接二者的矮墙。

在我读书的1980年代，建筑系的许多老师都画一手好画，像带设计课的彭老师、胡老师、黄老师、聂老师，教我们水彩写生的王学仲老师、章又新老师，受这些老师的影响，我也喜欢用速写本收集素材，用眼睛观察对象，用身体丈量尺寸。一直到今天，在数码相机几乎普及的时代，我依然认为：机械的成像是靠机械内部构件完成的，它无法取代你的观察、理解和感受。如同我们面对同一个故事，阅读原著小说所得到的收获总会大于通过观看电视剧所得到印象一样。从收集素材的角度，相机照片有它方便快捷的好处；但它却弱化了人眼分析、组织、记忆画面的能力，而这方面的能力却是成为一名有修养的建筑师的基础。

求学时代坚持下来的习惯也许会伴随一生，这也是我坚持画钢笔速写和水彩速写的原因。

因为我们小组测量的几个建筑的主体都位于颐和园的主要景区内，有的还位于进园的主要流线上，所以只好等待游人略少时才好架梯子工作；从我对颐和园的观察看，下午5点前后进园的人流才开始减少，出园的人流会逐渐增加，为了不影响游人参观拍照，决定5点左右开始测量仁寿门、东宫门、大牌楼的主体建筑。

作者绘仁寿门速写。建筑和两侧院墙成为分隔第一进院子与第二进院子的界面。

目前东宫门轴线上的办公区主要是在慈禧太后重修清漪园以后形成的（1888年以后）。乾隆时期，行宫在圆明园，主要处理政务的地点也在圆明园的正大光明殿，尽管在清漪园里建有勤政殿，乾隆、嘉靖、道光、咸丰四位皇帝也曾来这里游玩，但鲜有在这里处理政务的记载，仅有的一次是乾隆在勤政殿接见西北边疆来的少数民族特使。

如果对比乾隆时期和光绪时期这片建筑的平面图，可以发现这组建筑群中建筑密度的增强，经过1860年的劫难后，其中的东宫门、仁寿门、勤政殿等基本是按原样重建，变化部分主要是对轴线两侧建筑物的添加，从而形成了层层递进、沿东西轴线展开的三重外部空间：

首先是由大影壁到东宫门之间半封闭的空间，其次是从仁寿门到东宫门，以柏树林构成的封闭空间，最后是由仁寿殿到仁寿

二〇〇六年 测绘笔记

053

门之间的礼仪空间（半封闭空间）。这三个外部空间相当于故宫的外朝部分，即使当时少数进入颐和园的朝中大员也是到此为止，没有谕旨，外臣的脚步不可能越过仁寿殿东侧和西侧的假山而走到西南角的湖区和皇帝、皇后、皇太后的生活区域；这也说明在清朝时期，能够进入湖区部分的大臣是极少数人，从而造成了现在很难找到描述当时颐和园景物的历史性资料、诗文、照片等。如此这般，倒显出样式雷图档和乾隆皇帝所写关于清漪园诗文的重要史料价值。

光绪时期重修颐和园以后，这片宫殿办公区成为仅次于北京紫禁城的另一个政治中心。

从现有史料看，发生在1898年夏秋之际的戊戌变法，许多历史瞬间都曾发生在这片区域，重新审视这段历史的细节，有许多让人深思的地方：

1898年6月11日光绪帝下诏宣布"变法"，6月16日皇帝在颐和园仁寿殿召见维新派首脑康有为，任命康有为在总理衙门章京上行走，特许专折奏事。据清人苏继祖在《清廷戊戌朝变记》里记录，在光绪接见的那天，康有为在颐和园里碰见了朝中重臣荣禄，荣禄问康有为对时局"有补救之术否"，"康以非变法不可对。荣相曰：'故知法当变也，但一二百年之成法，一旦能遽变乎？'康愤然曰：'杀几个一品大员，法即变矣。'荣相怒其狂悖，已有必杀之心，即请训出京时，暗请太后留神，敦请太后训政者，已伏八月初六之祸萌也"。

另一个清人曹孟记录了这段对话之后的事：

　　"荣相唯唯，循序伏舞。因问皇上视康有为何如人？帝叹息以为能也。已而荣相赴颐和园谒皇太后，时李文忠（鸿章）放居贤良祠，谢太后赏食物，同被叫入。荣相奏：'康有为乱法非制，皇上如过听，必害大事，奈何？'又顾文忠，谓：'鸿章多历事故，宜为皇太后言之。'文忠即叩头，称：'皇太后圣明。'太后复叹息，以为：'儿子大了，哪里认得娘，汝作总督，凭晓得的做罢。'荣相即退出。"①

　　下面是一些现在可以看到的有关戊戌政变前后的零散史料，尽管是些历史的碎片，但拼接在一起，依然可以构成一段有着丰富内容的历史影像②：

　　1898年9月17日（阴历八月初二），当帝党和后党之间的矛盾变得日渐凸显的时候，光绪帝接纳谭嗣同的主意，争取新军将领袁世凯，颁布谕旨：授袁世凯（兵部）侍郎候补。据说，康有为听到皇帝的任命后曾拍案叫绝，以为大事可成。也就在同一天，光绪在颐和园面见慈禧太后，为了平复慈禧对"新政"一些措施的不满，光绪采取缓和对策，颁发谕旨：令康有为离京去上海办报。但直到康有为得知政变失败后的八月初五日才离京抵津，乘船去上海。

　　过了一天，也就是1989年9月18日（阴历八月初三），光绪皇帝在仁寿殿西侧的玉澜堂亲自召见袁世凯，给予"训示"，以示

　　① 李鸿谷，《晚清政局代际断裂》，刊于《三联生活周刊》第633期，第58页。
　　② 李鸿谷，《戊戌变法——百日跌宕》，刊于《三联生活周刊》第633期，第48—51页。

君恩。这一天，颐和园内的慈禧与光绪，表面上一派祥和。上午内务府升平署在德和园大戏楼开戏六出，从上午10点演到晚上8点半，其间，光绪帝在下午2点多离园回宫，晚上戊刻（7点到9点），看完戏的慈禧又看到一份请她"训政"的奏折，临时起意，决定回城内宫殿（实际上是先回西苑，即今天的中南海）。清内务府档案记载慈禧是次日（阴历八月初四）回城回宫的。

当天晚上，新任"四章京"之一的谭嗣同到城内法华寺拜会袁世凯，劝说老袁杀掉直隶总督荣禄，通过发动兵变来保护光绪皇帝，据袁的日记所载，当时谭向他出示的，由康、谭起草的密折中有三条，其中的第三条为："封禁电局铁路，迅速载袁某部兵入京，派一半转颐和园，一半守宫，大事可定。"当时袁世凯并未同意这个计划，回应说："若天津阅兵时，上驰吾营，则可以上命诛贼臣也。"仅同意按照光绪皇帝的口谕行事。

两天以后（阴历初六），慈禧太后的训政令下达，政变发生，伴随训政令下达的还有一道命令就是捉拿康有为，此时的康有为已经坐在英轮"重庆号"上，后在英人保护下到香港，而谭嗣同等六人在八月初八在京被捕，八月十三日即在市曹被正法。

与戊戌变法失败同时发生的是慈禧太后重新"垂帘听政"，执掌大权，而日后的光绪皇帝则成为失去人身自由的傀儡皇帝。

快5点时，叫了一些男同学把架在东宫门附近的大梯子放下来，再把这个大个儿的铝合金梯子抬到大牌楼下方，随后是把梯子竖立起来架在牌楼的横梁上，上去绑安全绳好让测量牌楼的同学补测数据。当把这些安顿好以后，转身发现带在身边的速写本不见了，有些着急，这种东西对其他人意义不大，记录着近些天的生活细节和一些测稿，对我则属于不可再生的东西。

先叫一名女生到我刚才坐过的地方去找，回来说没看见。只好自己回去找，徘徊一会，在东宫门右边太湖石的缝隙中找到，原来是刚才帮忙放倒梯子时随手放下的，看来得多多感谢这块太湖石了。

过了一会儿，颐和园工程处派了两个工人来剪开罩在大牌楼斗拱科外面的防护网，以方便我们测量；现场看，这种金属网也真"牢实"，需要二十分钟左右才能在网面上剪开一个可以钻进人的口子。面对剪开的金属网，测量牌楼组的同学换着站在梯子上补测斗拱科的一些数据；不过，对于这种相对标准的清式工程做法（光绪年间建造），要想有什么"新发现"已经很难了。

等这边的工作告一段落，将金属梯子抬到东宫门的梢间下方，从室内架好梯子，找到一块可以托起、移动的天花板，先是老师试着钻进去，给同学演示一遍在梯子端头如何转身，用小臂支撑等身法后，再让测量这里的学生也依样上去，完成里面的梁架测量。

测量仁寿门的同学一直在竹制梯子上工作，也测量斗拱等细部尺寸。当有同学在这种主要景点工作时，我们要事先在仁寿门附近拉上安全绳，并竖起已经改成简化字的说明板，提示游人不要靠近测绘点，免得发生意外。作为带队老师，有时还得解答游客提出的各种问题。

此时天色慢慢地暗下来，上午画速写的兴致已无。站在寿星

石旁边往东边看，透过仁寿门构成的景框可以看到暮霭低垂，一群群的燕子在柏树间忽上忽下地飞舞，这时成群结队的游人已经散去，多是些住在附近的居民在园内散步。

当感到已经看不清尺上的读数时，大家才收工，把金属梯子抬回住地小院后，看到下午同学们的工作很辛苦，我们两位老师带着东官门组不到十名学生去街上找地方吃饭，也有慰劳同学的意味。

出了三队的大门，沿着东侧院墙一直往南走，走到新建官门附近才找到一家正要关门的小饭店，大家围坐在一张铺着白色塑料布的圆桌旁，叫上酒水、点上饭菜才开始轻松说笑。经过20世纪60—70年代的"文化革命"以后，原来师生的亲近关系已经很难恢复，即使带过设计课的学生，老师对他的家庭、生活等也所知甚少，有些连名字也记不住，学生对老师的了解可能也是极其有限。古建测绘期间，由于每天师生要在一起工作，相对之间的了解倒更多些。

晚饭大家吃得高兴，席间发现一位酒量不错的北京女生，说话也风趣，应该适合做建筑这一行。想起电影《天下无贼》中的台词："这趟车不打猎，任务只有两个，第一是锻炼队伍，第二是发现人才。"发现同学画图以外的能力当然算是发现人才了。

听我这样说，大家就分别讲起测绘期间发生的笑话，只是酒后有些记不起来了。

回到宿舍时看到老王老师的床铺是空的，别的老师告诉我，他已经搭车回天津了，随后要去韩国参加有关文化遗产方面的会议，据说，韩国历史界要在这次会议上申请"风水文化"是韩国的文化遗产，国内一些"大佬"听到后觉得国内需要有代表出面阻止一下，就这样催促老王马上成行。

08

北配殿、
东宫门门匾，
观赏石

（2006 年 7 月 9 日，周日，雨后）

昨天晚饭后回到驻地不久天上就开始下雨，加之酒精的作用，睡了一夜的好觉。

早饭后收拾好要带的东西进园，发现颐和园里的游人并未因为昨晚的大雨有所减少，而且还多出很多；东宫门的梢间墙上有一块布告板，其中用粉笔写的数字会公布近两天的游园人数；数字显示：昨天的入园人数是三万四千人，今天的是三万七千人。想想原因，一则是颐和园的名气太大，几乎所有来京的旅游团都会来这里看看；二则今天是星期天，除了外地游客，北京人也会全家来此休闲。

东宫门各组的实测工作已经进入尾声，各个测绘点的同学基

本上都已上过梯子测量，只是由于测量技巧不同，有的同学会多上几次，多量些无足轻重的尺寸而已。

北配殿组请来的"外援"男生是去年参加过测绘的学生，正与组内一女生处于热恋中，自愿前来帮忙测绘。因他对测绘程序和要求都较清楚，就利用架在北侧小院里的长梯子帮忙完成了外檐斗拱的测量，上午测量了平身科和柱科，下午测量了角科；原来的组内队员计划上午测量分隔室内空间的挂落，因为找不到合适的人字形梯子而作罢，这里的木构隔断都属于文物，属于上了年纪的物件，怕它承受不了一般梯子的端头受力而只能选用人字梯。

看到这种情况就安排北配殿组的两位同学去测量北配殿外檐门窗上的尺寸，不断重复的原则依旧是："抓大放小，先整体后局部。"

转而又到东宫门下面，发现测点的同学和老师都已爬到天花里面测量，看我在下面，他们嘱咐我看好梯子，别让其他组的同学抬走，又嘱托别让游人靠近测量孔（指捅开的天花板），免得有杂物落下伤人。

利用徘徊在附近的机会，仔细研究一会东官门东面的门匾和大门西侧院中的一块太湖石，也就是昨天把速写本遗忘在石缝中的那块石头。

挂在东官门外侧的门匾位于建筑五开间的正中，与下面台阶上的丹陛石相对应。门匾的外框和题字为金黄色，衬板为靛蓝色，黄色与蓝色相映衬显得很沉静。如果在近处端详，可以看到木匾四周为深浮雕九龙盘绕图案，龙头突出于外框平面；内框核心部分是"颐和园"三个楷体字，左侧有"光绪御笔之宝"和"庆日春长"两方图章，与记载中为光绪皇帝的手迹相吻合。这块门匾从园名改为颐和园后一直悬挂在这里。

在 20 世纪 60 年代的文化大革命中，在"横扫一切封资修"的口号声中，全国被毁的古建、寺庙无数，颐和园内的一些殿堂文物连同这块横匾等得以保存实属幸事，与园内的管理干部和老工人的悉心保护息息相关。当他们在 1966 年 8 月下旬得知北京市的红卫兵要来"破四旧"时，连夜把园内六处的殿堂文物以及匾额等转移到安全地方；对于这块门匾则想了一个"匾中套匾"的方案[1]，即由园里的老工人按管理干部的设计用三合板赶制了一副木盒，然后把"颐和园"匾额套在里面，套盒外面再写上"人民公园"四个大字。1966 年 8 月 22 日至 1971 年 5 月 18 日，在

---

① 何立波，《破"四旧"狂潮与文物浩劫》，刊于《收藏》第 164 期，第 37 页。

清朝光绪皇帝题写的门匾，1966年8月至1971年5月，颐和园改称人民公园，这块牌匾被采用「匾中套匾」的方式保存下来。

将近五年的时间里东宫门外面就挂着写有"人民公园"的牌子，1971年以后才"根据北京市委领导的指示"恢复颐和园的名称，这样，套在木盒匾内的老匾才又重见天日，如同出土的木乃伊，重新呼吸到新鲜的空气。

　　但是，颐和园内其他地方的大件文物就没有这么幸运，如原来立于佛香阁殿内一层的彩绘佛像接引佛，为慈禧太后重修颐和园时所塑，就毁于动荡的"革命口号"声中。目前摆放在佛香阁同样位置的铜制佛像是颐和园管理处在1989年由北京城内原来的弥陀寺移来，是一尊明朝所铸的千手千眼观世音菩萨立像，已与原来的佛寺主题有差异。

　　颐和园里有名的"观赏石"很多，例如正对仁寿门的寿星石、乐寿堂院里的"青芝岫"等，点缀其他地方的"观赏石"也很多。只是由于游人多奔向有名的建筑景点而去，对这些观赏石往往没有时间细看，更谈不上静下心来欣赏。

左：东宫门西侧檐廊。
右：立于东宫门南侧的观赏石：豹石。

在东宫门到仁寿殿之间的两个院子里就摆着七八块"观赏石"，下午能够仔细玩味的是设在东宫门南侧的一块立石，也是昨天帮我"收藏"速写本的石块。立石的高度加上底下的台座能有一米五以上，此石的主体上没有一般太湖石的孔洞，但石头的身段很好，从几个侧面可以看出各种不同的形态，很有"横看成岭侧成峰"的韵味。曾在石头的西南角赏玩一阵，觉得它特别像一只蹲伏又回首的花豹，立峰上扭曲的石纹与花豹的肌肉暗合，摆向宫门方向的豹首更是形神兼备。

傍晚时分又仔细端详了立于仁寿殿院内轴线南侧的一块太湖石，太湖石有三米多高，身上多有孔洞，在一块不起眼的地方发现一段阴刻的题记，主体部分已有磨损，落款部分有"甲子年御题"字样，后面有两方乾隆字样的图章，也许是清漪园时的旧物。后来得知这几块太湖石移自附近的圆明园遗址，搬过来的时间为民国年间的 1937 年。

在上世纪 60、70 年代的文化大革命中损毁的多是有"封资修"痕迹的人工物件，北京中山公园管理处前面的石制狮子都不能幸免，但还很少听说一群"造反派"去把某块石头砸烂的，大概是太费体力又看不到"革命成果"吧。

下午在东宫门附近听到两个妇女吵架,一个为中年妇人,一个为穿着时髦短裙的女青年,吵架原因已不可考,只听见女青年指着中年人的脸喊叫着:"我就是比你年轻,就是比你漂亮,气死你!"一个女学生在旁边很失望地评价说:"骂人一点创意也没有。"

想想这种景象应该是文化大革命以后的余韵吧。听老年人讲,"文革"期间,父子之间和夫妻之间因观点不同而反目成仇的事多了去了,中学、大学里的教师也多被自己教过的学生毒打或迫害致死。

王国维所担心的"大的社会变革"还是接二连三地发生了,社会上、行业里原来大家都认可的一些"游戏规则"一旦被破坏、被蔑视,再想回头去收拾或粘合已无可能,这时已经不是哪位领袖人物发布几条"最高指示"所能解决的了。

晚饭后向住在一起的几位老师描述下午的见闻,一位经历过"文革"的老师不由得想起当时流行甚广的一首革命歌曲,开始时是他一人哼唱曲调,一会儿就变成了几个男生的小合唱:

"无产阶级文化大革命,就是好!就是好来就是好,马列主义大普及,上层建筑红旗飘,革命大字报,嘿,烈火遍地烧,胜利凯歌冲云霄,冲云霄。——文化大革命,就是好。"

也许是很久没有听到过这种曲调,这种低沉的、夹杂着口号的呐喊声把隔壁住的研究生纷纷吸引出来观看,把正在吃饭的猫儿吓跑了好几只。

09

德和楼，涵虚堂，
北配殿，多宝塔

（2006 年 7 月 10 日，周一，雨后，阴转晴）

夜里被窗外的雨声和看足球赛的叫喊声吵醒，由上铺下来打着雨伞去院门口的厕所方便，一路上经过的办公室和会议室里都亮着灯，电视机前稀稀落落地坐着一些看球赛的男女同学，又到了四年一度的世界杯足球赛时分，由于时差原因，中央台转播的重要场次往往都排在下半夜；在会议室门口看了一会儿还是回屋睡觉了。

也正是因为观看世界杯决赛，很多同学天快亮时才回去睡觉。面对这种情况，出于安全考虑，带测绘的老师们临时决定上午安排同学在颐和园内参观，属于来去自由的活动。

同学们先在研究生阿龙带领下参观园内的两个售票区和龙王

岛上的主体建筑，两个需要购票参观的景点包括：颐和园食堂院落隔壁的文昌院和玉澜堂后面的德和楼。

　　文昌院位于我们测绘的东宫门区到文昌阁之间，这组建筑为光绪时期所建，当时的功能为奏事房、电灯公所和御膳房，后来这片区域改称文昌院，主体部分为两座并列的四合院，现在已改为具有展馆性质的一组建筑。目前在里面展出颐和园内遗留下来的文物精品，成为构成颐和园历史和文化内容的重要组成部分。展馆内分为综合陈设馆、书斋、瓷器馆、玉器馆、青铜器馆、珍玩馆等六个专题展馆，展品中有上自商周、下至晚清的中国精品文物和部分近代的外国文物，皆为当年皇家陈设艺术品和生活用品，具有很高的历史和艺术价值，人行其间有目不暇接之感。

　　印象较深的是其中综合馆的设置，利用展示大厅的中心部位展示一组皇室宝座，包括镶嵌有景泰蓝背板的紫檀宝座，宝座后面的、镶嵌景泰蓝画心的五扇屏风，立于宝座两侧的紫檀香炉架等；同时利用宝座区前面的两根立柱悬挂一副对联，字句是：天外是银河烟波婉转，云中开翠幄香雨霏微。尽管目前在仁寿殿、玉澜堂等建筑内也保留着当年的室内陈设，但因为距离、光线等原因，游人们在那里看到的并不如这里真切。只是这一室内空间并不是原来设立在这里的历史原貌，而是利用建筑构件所拟建的一处皇室空间。十年前在美国考察建筑时，在很多博物馆中也曾发现这种利用古典家具和其他装饰物所形成的典型空间，对于美国人了解东方文化还是大有益处的。

　　在清朝至民国之间很长的历史时期，社会上能够让市民们参与的娱乐活动并不多，戏曲成为国人的主要娱乐活动，上自皇室贵族下至黎民百姓大都钟情于此，也由此带动了京剧在北方的形成和发展。

德和园大戏楼为清末皇室在颐和园驻足时观赏戏曲的主要场所，其规模可以媲美于紫禁城里的畅音阁和承德避暑山庄的清音阁，三者并称为清宫三大戏台。实际上，颐和园原有的小戏台设在听鹂馆，建于乾隆时期，光绪时复建；但慈禧太后嫌它规模小，又于1892年新建了这座位于仁寿殿北侧的德和园大戏楼。在清漪园时期，这块基地上设置有书斋性建筑——怡春堂。

目前的这组建筑从光绪十八年（1892）开始兴建，于光绪二十一年（1895）完工，属于重修颐和园时期的几大工程之一。扩建后的建筑群为四进院落，在南北轴线上依次排列有院门、大戏楼、颐乐殿、后罩殿、后垂花门等建筑。轴线上的大戏楼为坐南朝北的楼式建筑，隔着院落与南向的颐乐殿相呼应。颐乐殿面阔七间，室内正中设宝座，专为慈禧太后看戏所设。殿后的四合院，正北的五开间为后罩殿，左右两侧为耳殿，供西太后听戏时更衣、休息之用。

现在到德和园参观的游人，更多地关注设在第二进院落的大戏楼。戏楼共有三层，高达21米，主台的台口宽17米，戏台的顶板上有天井，在二层设有绞车架，方便演出大型剧目时准备机关、布景使用。台底设地井和水井，可以根据演出需要往台上喷出水柱。另一方面，演员可以根据剧情需要或由二层的天井下降，或由下面的地井钻出，增加了演出的立体感和丰富性，更适合于演出有关神话情节的故事。

据清宫档案记载，从光绪二十一年大戏楼建成到光绪三十四年慈禧病故，十一年里这位太后在此看戏 262 天次，最多的一年中看戏 40 天次。她每次来园的第二天必在这里安排看戏等活动，应该算作"京剧的超级发烧友"了；据戏剧界评价：老太后对京剧的发展做出了较大贡献。

说是"活动"，当然不是慈禧个人和身边几个女官的事，而是如同今天"夜宴"一般宾主交往的社交活动。当天的主人慈禧太后会坐在与戏台正对的颐乐殿中，左右由后妃、公主和福晋们陪同，光绪只能坐在前廊上陪看，其他得到赏赐的王公大臣则分坐在颐乐殿的东西两廊上；这时为了保证"男女大防"，太监们会在颐乐殿的南向两翼支搭好幔帐，使看戏的大臣们只能看戏，不能偷看老太后和她周围的女人。

目前的颐乐殿室内依旧按原状陈列，开间正中摆放着紫檀木宝座，后面摆放着金漆雕刻内嵌珐琅料的五扇围屏，屏心部位为百鸟朝凤图案，屏风上端挂有"荣镜登阆"的金匾。因家具和帷幔的颜色多为金黄色，被阳光一晃，室内显得很是明亮。

现在，院落两侧的东西两廊作为小型展廊使用，陈列着慈禧太后看戏时所用的衣物和文房用品等，印象较深的是放大的太后照片、慈禧写的大字书法以及落有"大雅斋"的专用瓷器。在这里参观时，请了一位穿着清式旗袍的年轻女子为我们讲解展示器物的历史，她为了考验我们对她所讲内容的记忆力，曾不停地追问我们：慈禧所用的"堂号"款是什么来着？看着同学们没有回答她就很得意，我忍不住就在人群背后低着嗓音说：大雅斋呀！再看着她表情上的变化和巡视的目光，我和几个站在后面的男同学就笑出声来。

在这里隔着玻璃仔细地端详"大雅斋"的款识：一般在器物的显著位置上（盘、碗、碟等在器内，其他在器表）书红彩楷书"大雅斋"，旁边钤印椭圆形、双龙环绕的红彩篆书"天地一家春"，器物底部书红彩的"永庆长春"楷书款。这类瓷器在收藏界被称为慈禧生活用瓷，从器物造型到颜色纹饰都充满了女性色彩：秀丽精巧，典雅柔和。

在留存下来的慈禧瓷器中，花盆占了很大比例，这也与她酷爱鲜花的习惯有关。

慈禧的御前侍女德龄在《清宫二年记》一书中说：太后除掉权势财货外，花卉也许是伊最宝贵的嗜好品了。在清宫旧藏的多幅照片上，慈禧都在摆满鲜花的厅堂里或站或坐，周围则装点有鲜花，多为兰花、菊花、荷花和牡丹。

据称，颐和园三海以南海（指养水湖）为最，遍海（湖）皆植荷花，园内还请专人管理三四千盆菊花，种类也在八九十种以上。表现出慈禧作为女性政治家的柔美一面。[1]

现在的戏台上也有定时演出，一些早些时候进来的游人就挤在颐乐堂前临时搭建的木制看台上等着开锣。由于我们要赶往下面的参观点，就没能看到和听到这里的演出。据说演出内容多以

---

① 张泳梅，《充满女性特色的慈禧用瓷》，刊于《文物天地》，总第189期，第98—101页。

武打类戏码居多，只能算是游客参观景点时的一种调剂罢了。

　　在园内参观的一行人由德和园院门出来后又沿着昆明湖东岸的小路，经过十七孔桥后到达龙王岛上的涵虚堂参观。从园林设计的角度看，龙王岛的北侧是与万寿山相呼应的、欣赏昆明湖全景的极佳地点。

　　乾隆清漪园时期，现在的涵虚堂位置上建有仿制武汉黄鹤楼的三层楼阁式建筑——望蟾阁，寓意这里是赏月之所在。从乾隆留下的多首御制诗中可以了解，这座建筑是为了给皇太后祝寿，湖广总督阿里衮按照黄鹤楼的做法加工出各种建筑构件，然后运到这里组装的。阁楼建筑完工后，乾隆皇帝曾经来过四次，其中两次登上第三层楼顶；他也曾陪着太后在楼上观看水军在昆明湖里的操练。当他六十六岁登顶后，很为自己的健康得意，曾留下这样的句子：

　　　　古稀有六步尚强，拾百十级消俄顷。
　　　　问斯老健以何得，身每习劳心宁静。
　　　（登望蟾阁极顶作歌）

　　据说，这栋三层楼阁因为重量太大，当年又是冬季进行地基施工，当第二年春天泥土解冻后，地基就出现了松动现象，以后在基础部分出现逐年下沉的趋势。1860 年楼阁被英法联军焚毁。光绪年间重修时就在基址上修建了一座单层的两卷殿，而没有恢复当年的望蟾阁，改名为涵虚堂，沿用至今。

　　涵虚堂南设露台，绕以汉白玉栏杆，成为一处临风赏月的绝佳地点。

　　我们来这里时，涵虚堂的室内正在展出末代皇帝溥仪的生平。因为快到吃午饭时间，大家多未细看。我则在这里的小卖部买到一盒旧制的松烟墨，回去一试，有褪尽火气的妙处。

　　上午的天气还时阴时明，至午饭后才开始完全放晴。

　　下午先到北配殿组看两个同学测量室内的木制隔扇，然后出去到后院，帮他们在殿后檐下搭梯子以备男同学测量角科。在北配殿室内时，曾勾画木隔断的测稿一张，并记录下室内挂落上的楷体题字，文字内容为宋朝司马光的名篇《独乐园》，书法为清末尚书徐甫所写，浓墨重彩地写在黄绫子上；用大片的书法装饰室内至今已不多见。

　　快到5点时，另一位穿着颐和园制服的女孩来北配殿找值班的服务员，像是约好了一起下班。她们给配殿落锁，我和留下的两个同学也只好退到室外院子里。

　　看时间尚早，园内空气清新，就决定去后山看多宝塔组的同学和测绘现场，也好多拍些幻灯片。两位同学听后也愿意与我同去，一路上多了好些笑声。

　　沿着前几天从排云殿回来的路径上山，走一段山脊线后再转折下山，他们由于没走过这条路而感到很新鲜。

　　由山路下来时，先看到位于多宝塔东侧的花承阁遗址，绕过

上左：北配殿室内空间，保持有光绪时期的木装修和字画装饰；下面展板为临时性的。

上右：正在室内测绘隔断尺寸的同学。

下：作者绘北配殿木装修测稿。

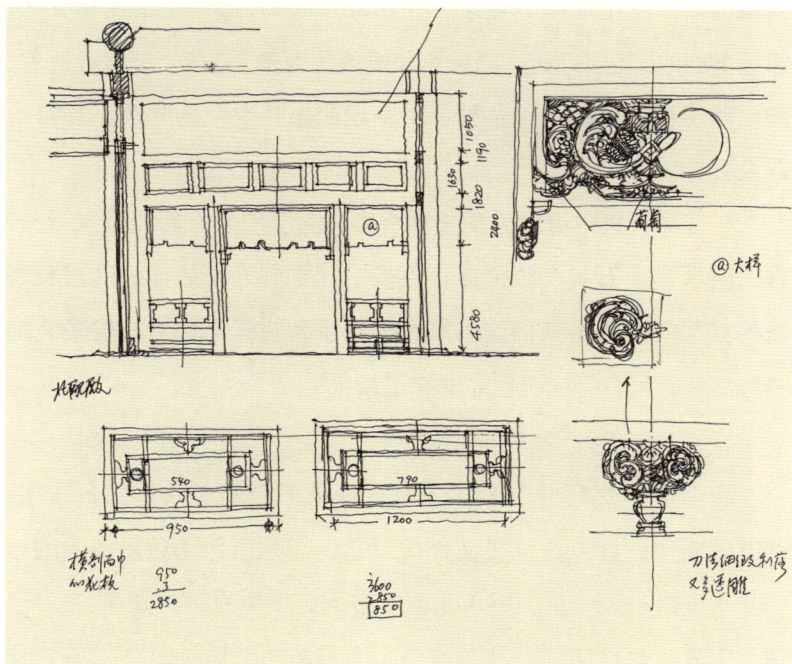

遗址上的山石和门柱等构件才到达琉璃塔北侧的前院，原来测绘仁寿殿的几个同学现在被安排在这里测绘，有的测量院里的石碑，有的测量塔前的木牌楼。

与负责这里的老师聊天后得知，原定今天园林队会派人在多宝塔周围搭脚手架以方便同学上去测量塔身。她看看手表后说："到这时候没来，看来今天来不了……目前只能用一个修理过的木梯测量，也仅能够到一层塔檐下的部分。"

多宝塔建筑为乾隆时期清漪园的旧物，塔身总高度20米左右，用完全不同颜色的琉璃砖构件砌筑而成，檐下斗拱部分则仿造木制结构做了简化处理；塔身颜色呈现出一种冷暖颜色的退晕变化，靠近下面的颜色偏暖色，以黄色和橘黄色为多，越往上越靠近蓝色、紫色和绿色等冷色系，各种色彩交织起来在夕阳的映照下显得十分悦目。

在现场召集附近的同学来拍合影，为了使大家都能进入镜头，有的同学爬上石制的须弥座，更多的同学则站在后面；这时琉璃塔的首层塔身成为我们这组人像的背景和衬托。可惜相机里装的是幻灯片，只有等冲洗后才能知道结果。

晚上没事就翻看白天在北配殿抄录下来的《独乐园》文字，试着做断句的标点。这段文字仅仅是司马光所作《独乐园》的一部分：堂南有屋一区，引水北流贯宇下，中央为沼，方深各三尺。疏水为五，派注沼中，状若虎爪；有旋流出北阶，悬注庭下，状若象鼻，自是分为二渠，绕庭四隅，会西北而出，命之曰:弄水轩。堂北为沼，中央有岛，岛上植树，绿荫围之状若玉玦。揽解之状，如渔人之庐，命之曰：钓鱼庵。沼北横屋六楹，厚其墉茨以御烈日，开户东出，南北列轩牖以延凉风。前后多植美竹，为清暑之所，名之曰:种竹斋。沼东治地为百，有二十畦，杂莳草药，辨其名物。而径丈状若棋局，屈其抄交相掩以为屋。植竹于其前，央道如步廊，皆以蔓药覆之，四周植木药为藩，援名之曰：采药圃。

独乐园早已不存，它之所以被人欣赏，不在于追忆那座"有形的园林"，而在于文字描写的优美。唐代贞观开元年间，官员富贾都在洛阳开馆列第，处处园林，而到了国事凋敝、兵荒马乱之时，池馆楼台也就与大唐一起都化为灰烬了。从这个角度看，越是繁华的园林越是多些虚幻感，反而是用诗文和图画描写的园林更长久些，也更加耐看耐读。司马光写的独乐园如此，曹雪芹写的大观园也是如此。只不过前者是以真实园林为基础，后者则是作者所经历的记忆叠合罢了。

由此又想到中国人用木结构造屋的禅意，人生百年，木材易朽，不要想着什么物件能够永存，能够万寿无疆。

10

北
配
殿
，
仁
寿
门

（2006 年 7 月 11 日，周二，晴）

上午小王老师带着两个同学去爬北配殿屋顶，准备测量正脊和屋面上的一些数据。

先将梯子搭在配殿的侧面山墙上，然后老师上去把梯子顶端与檐口斗拱绑在一起，可以减少梯子的晃动，增强上梯子同学的稳定性。

小王老师上去后，发现屋面不像原来设想的已经干透，尽管雨已经停了一天多了，于是就在屋面上大声提醒后面的同学："屋面很滑，踩在上面要当心！"

也许是处在园林中的原因，仁寿殿这组办公性建筑的屋顶并没有使用宫廷建筑中常见的黄色琉璃瓦，取而代之的是灰黑色陶

瓦。研究古典园林的学者周维权先生曾在著述中很推崇颐和园中对于"宫"与"苑"的结合处理，也很赞赏以仁寿殿为中心的宫廷区设计：

> 按皇家宫廷的规制，外臣不能擅入御苑。因此，宫廷区必须设在园的前部而紧接于园的正门"东宫门"，这就是以仁寿殿为正殿，包括仁寿门、东宫门以及分列两侧的配殿、内外朝房、值房共三进院落的一组严整均齐的建筑群。它的中轴线一直延伸到东宫门前面的影壁和牌楼，构成一个规整而有节奏的空间序列，以此来突出封建皇权的尊严。但是，作为园林建筑的一部分，这个宫廷区毕竟与紫禁城的宫殿有所不同。建筑物的屋顶用朴素的青灰瓦代替华丽的琉璃瓦，庭院内栽植常青的树木，点缀着山石花坛。使得它具有更多一些的园林气氛，与苑林区的风格统一起来。
>
> "宫"、"苑"分置的园林规划，本来是为适应封建礼制的需要而产生的一个特点。造园师利用这个特点，在宫廷区和苑林区的衔接部位，即仁寿殿的南侧堆置了一带小土岗代替通常的

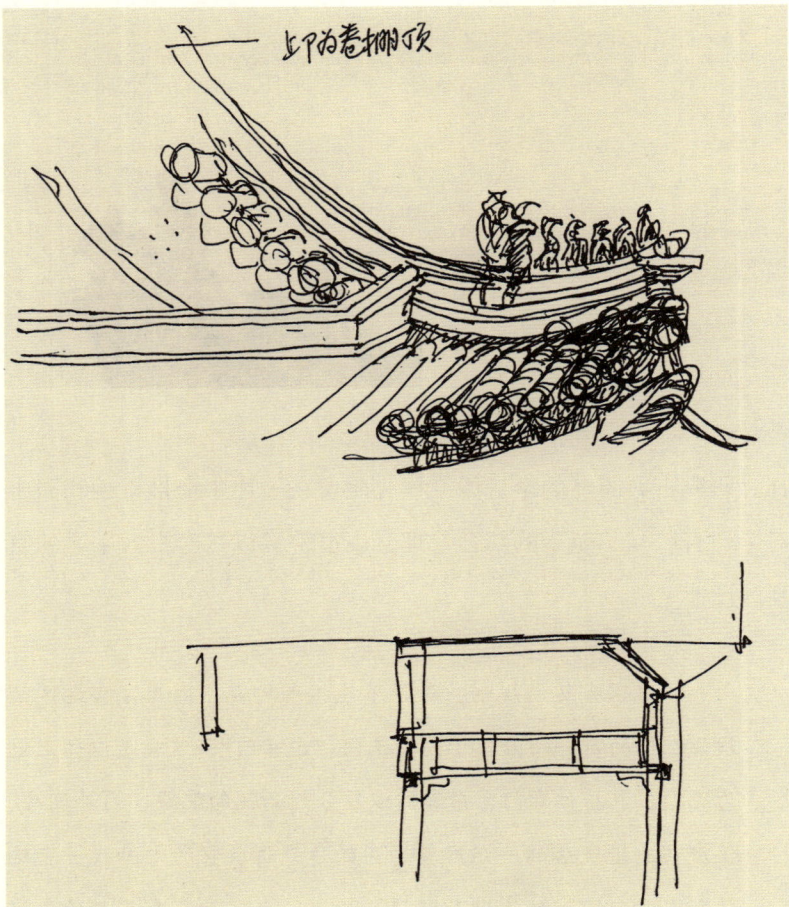

上即为卷棚顶

上：作者绘北配殿角科的速写。
下：图为北配殿剖面中梁架与室内木装修的连接。

墙垣，使得严整的"宫"和开朗的"苑"之间既有障隔，又能够把两者的空间巧妙地沟通起来，从而创造了一种"欲放先收"的景观对比效果。①

————————————

① 周维权，《园林，风景，建筑》，百花文艺出版社，天津，2006年1月第1版，第213—214页。

尽管灰瓦比陶瓦的表面粗糙，产生的摩擦力也更大些，但在屋面上活动依然很不容易，主要是陶瓦的瓦面也很滑。想想可能有两个原因：

　　首先是建筑上了年纪，即使以光绪二十八年（1902）的最后一次修缮看，距今也已过去一百余年，陶瓦上已经长有绿色苔藓；因为苔藓而产生的"润滑作用"，减弱了鞋面和瓦面之间的摩擦阻力。其次，由于热胀冷缩的原因，陶瓦已经与屋面上的抹灰层脱离，如此则出现空洞现象，当身体的重量传到脚上时很容易出现踩坏瓦面或将瓦片整个蹬踏下来的现象。后来听说，他们在屋面上作业时，曾引发屋面内侧或屋架里的东西掉到室内天棚上的"事故"，还好没有砸到人和重要物品，只是把当时值班的工作人员吓了一跳。

　　另一件有惊无险的事发生在放倒梯子时，梯子头把紧邻的半块瓦当带了下来，还好没有伤到下面的人。

　　下午5点多，我们几个带队老师集中在仁寿门附近，为测量这里的门上屋顶做准备。

　　几人将这里最大的一部铝合金梯子抬来，然后把折叠的部分全部拉伸开，几乎抽拉到极限（还保留有两格），然后把这个大家伙立起，搭在仁寿门西侧的一端。因梯子已经接近长度的极限，人踩上去难免有产生摇动和共振性晃动，扶梯子的手都会感受到这种颤动节奏。看着老师和同学踩在上面不慌不忙地记录数据，进出仁寿门的游客往往认为我们就是颐和园的工作人员，只是感

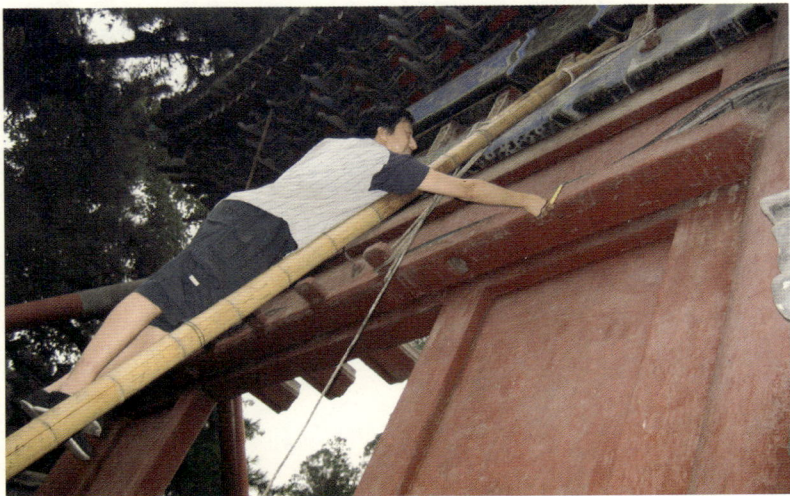

測量仁寿门时的工作照。

到这种工作有些辛苦。

傍晚时分，我带的女研究生来颐和园玩，为了给我拍工作照，我也爬了几节梯子，在门匾下方拉尺测量木枋高度，也就是装装样子罢了。

想不到 6 点以后还有一些导游带着游客进园，加之出园的经过仁寿门一带的游客还很多。两股人流本来可以在距离仁寿门不远的两侧边门通行，可有的人就要在仁寿门里不大的空间中进出，如此则带来一些安全隐患；为了不使游客进入我们的测量区，在摆放警戒线之外，我们又需要在大门里侧疏导人流。

大家开玩笑说，我们在仁寿门底下又立了根"柱子"，不过是根必要的"安全柱"。

由于仁寿门及两侧墙体是分隔宫廷区两个主要院落的中间界面，测绘时可以感受到当年匠师的良苦用心；在紧邻仁寿门的位置设有两块采用"磨砖对缝"技术建造的青砖影壁，影壁与木制大门之间用红砖墙相连，从而打破大门两侧红墙的单调感。青砖

設置在仁寿门两侧的青砖影壁，既成为仁寿门的陪衬，也打破了两侧红墙的单调感。

影壁正中的菱形画心上是三条砖雕龙纹图案，影壁的四角设有四个三角形镶角，每个镶角内也雕有行龙图案，四角的行龙与画心中的立龙相呼应，显示出高超的设计水平和工艺水平。

待我们快收工时已是"掌灯"时分，在仁寿门附近又一次感受到暮霭四合、群燕低飞的氛围：透过仁寿门的门洞可以尽情欣赏仁寿门到东宫门之间院内的成片柏树，这些柏树的形态和产生的气味很容易使人想到天坛斋宫附近的柏树林，以及承德避暑山庄中"烟波致爽"殿前的庭院处理。在正殿前院布置这种矩阵式的树林成为显现皇权的另一种方法，这里的树木如同训练有素的士兵很好地烘托出园林中政务区的庄重气氛。

在仁寿殿的院落里，除了导游重复介绍的寿星石外，还有四块高大的观赏石和设在仁寿殿殿前的铜制麒麟，记得曾有资料提到，这四块太湖石和铜制怪兽是1937年6月由圆明园遗址搬迁而来，1897年给慈禧太后搞"万寿庆典"时还没有对这些物件的记录。

我们一行人收工后，计划沿湖边走一段再从三队附近的角门回到住地。

　　转过仁寿殿东侧的空地和西南角的几间平房，就可以看到玉澜堂前面的又一片柏树林，透过柏树林下面枝干的剪影，可以看到灰白色的湖面和湖面上的知春亭，这时侧身往另一个方向看则可以看到万寿山的夜景，起伏的山体已经笼罩在一片暮霭中，仅有智慧海下面的佛香阁因为正在施工而有些点状和线状的灯光，这些橘黄色的灯光随着夜色的加重而显得更加明亮。

　　大家就这样在湖边空地上站了一会儿，谁也没有说话，可以听到湖中有鱼儿跳出水面的响动。

11

花承阁遗址，
贩春园遗址，
二龙闸遗址

在食堂吃早饭时碰到插到组里测绘的研究生小雨。她告诉我："昨天夜里和两个女生游园，月色和景物极佳。"

"有点东坡天成寺夜游的味道？"鼓励她往下说。

小雨用手比量着嗔道："天成寺的院子有多大？这里的湖边有多大！走得我们的脚现在还疼呐。"

"你答的能给 70 分，游园讲究的是情景和心境，心境好时一花一竹皆成风景；心境不佳再好的风景也是味同嚼蜡。与面积大小关系不大。"

她先用眼睛看着我，一会儿像是想明白似的做个表情离开了。

这段对话勾起我游园的兴致，因为白天需要盯着的工作不多，就拉着小王老师同行。

这时看到测量多宝塔小组的一个男生，随即决定先去他们那里看看。当得知他们每天还在走"平地路线"，即先绕到谐趣园西北角然后再沿后溪河边的小路到达时，告知他们还有一条近路：先走到仁寿殿北侧，然后沿着德和园和玉澜堂之间的胡同走到山脚，随后上山左转，抵达山脊的双亭后再右转下山。这条路径无论从地图上看，还是"实际操作"，均比他们走的路线要短，会节省一些时间和体力。为了验证，我就在前面带路走到花承阁遗址。

多宝塔小院，包括塔前的牌楼和与山道基本持平的北院，实际上是原来花承阁建筑群的一部分。原来这里的东侧还有一个与塔院轴线平行的三合院、左右配院及北侧半圆形外廊，现在这些建筑均已不存，毁于1860年英法联军的大火。但这些建筑的基址尚存，地面条石和石制柱础还隐约可见，特别是位于东侧三合院内的观赏石和石基座还基本保存完整，石座上的浅浮雕也十分精彩，具有乾隆时期宫廷艺术品的典型特征。

当我们几人正在议论石座上的浮雕时，碰到一组由园内职工讲解和引导的游客，听他介绍说：多宝塔建筑是目前颐和园中建于乾隆清漪园时期，后来没有改动的少量建筑之一，属于真正的文物。当有人问及塔身一层的佛像为何没有头时，他回答：这是英法联军进到皇家园林后，主要垂青于皇家的景泰蓝作品，看到琉璃塔上的蓝色也以为是景泰蓝所制，就用枪托砸下了几个佛头，发现不是想要的东西后随即离开。"强盗嘛，总觉得还是偷和抢来的快，就转身去别的地方找现成的东西了。"他又补充说。

这里的佛像看来躲过了上世纪 60 年代被"革命小将"打砸，二层以上比较高的地方的佛像头颅基本保留完好。

从我们所站的实际位置看，这组建筑位于后山半山的一个山谷中，过去属于人迹罕到之地，也正因为如此才使得这里的遗存得以躲过"文革"等历次运动，成为后山上的一道风景。

拍照时，看到一个老妇人神情庄重地面向琉璃塔施合掌礼。

当人们没有禁忌时真是什么坏事都能做得出来，而当人们的普世常识被某些个人的语录所左右时其后果更是可怕！这时的青年会把"暴徒的行为"赋以"革命"和"进步"的桂冠。

从多宝塔下面的山路往西走可以到达智慧海北侧的广场，再往西走即可来到赅春园遗址区。这片区域隐藏在山路旁边的建筑后面，如果不留意很容易就错过去了。

有一天晚饭后散步时曾经来到此地，因为天色已暗仅仅走进还亮着白炽灯的路边建筑内看了看，里面陈列着一些从遗址上挖出的建筑构件和一些待售的工艺品，但只能算是探探路，这次则有专程探访的意思。

除了路边的几间门脸建筑，这里的遗址区分散在几个不同标高的台地上，依山就势顺着瓮山的北坡兴建。

第一个平台就是由门房进入的狭长小院，园内摆放着一些藤椅、藤桌，是供游人喝茶休息的地方。顺着小院内的"八字形"石阶向南行进可以看到第二层平台，有主殿和两侧连廊的遗址，呈现出一种三合院的空间形态。从现场柱础观察，三合院的两侧端头继续向东西两边伸展，并以"钟亭"和"眺远亭"结束。尽管位于山坡地上，但这组建筑采用了平面对称的布局，形式上有些呆板。

顺着主殿北侧的台阶可以上到主殿遗址所在的平台。如果要浏览上面靠近崖壁的遗址还得经过两侧的多步台阶上行。

最上一层台地紧邻瓮山山体的崖壁，其中有"清可轩"、"留云"两个主要遗址和一个山洞遗址。留云遗址的后墙石壁上刻有一些佛像和罗汉像，尽管有些造像的身首不全，但仍然可见当年清漪园时期的气象。洞穴遗址位于两处题记之间，为一个人工处理过的山洞，据介绍清漪园时期里面有石制家具和根雕的家具。

当我们走进石洞后发现洞内空间确实不小，而且并无一般山洞的幽暗感，四顾观察，原来是洞顶上方开有两个与外面相通的孔洞，将自然光线引入洞内，使之形成一处天然的室内空间。

"清可轩"三字为乾隆皇帝手笔，被刻写在后岩的石壁上，从台地上仰视还可以看到建筑被毁前的大致样貌，上部石壁上还保留有一些木制的建筑构件，像檩木、椽子等。靠近石壁仰视，可见不规则的石壁上刻有很多御制诗和大臣们的唱和诗，只是由于年代久远和岩壁的石制不好（砂质岩），很多部分已经漫漶不清，甚是可惜。在一块向外凸起的石壁下方找到了一处保存完好的题刻，题有"方外游"三字，从字体上看像是乾隆帝的手迹。

这个主要由三个平台组成的建筑群，第一个空间为相对封闭的小院，第二个空间为半开敞的三合院，第三个则是与摩崖洞穴相结合的开敞空间，在崖壁侧面原来应该有保护性建筑。在顶层

上：贱春园遗址中的地势变化。第一进院子与第二层平台。

中：第二层平台上的建筑遗迹。

下：第三层平台上方岩壁的「清可轩」题刻，为乾隆皇帝手迹。

平台俯视整个遗址，位于各层平台上的主体建筑并不在一条轴线上，产生了所谓"中轴线错中"的布局现象。

在赅春园西侧还有一组建筑遗址叫"味闲斋"，属于建在山谷里的一组院落式布局，从现场看，里面也是根据自然地形组织成两个不同标高的平台，场地中尚保留有柱础等建筑遗址。

记不得是哪位先生说过：山地建筑所追求的风景可用两个字概括：一旷，一奥。信然。

应该找个闲暇时段再来，带本线装的唐诗集，端杯茶，坐在大门里侧的藤椅上，或对着南侧的风景发呆，或闭着眼睛听附近的鸟叫。摆在桌上的诗集就会慢慢地散发出诗意，带人走进古诗的意境；也许你会说：诗集是装装样子的，在这里谁还会读那种东西。

暑气烦热，前两天下的雨水经这几日阳光一照，湿气都从地面上返到空气中，使空气的湿度增高，令人很不舒服，身体里有汗也排不出来。

中午小憩后翻看《乾隆皇帝咏万寿山风景诗》，[①] 其中一首题为"新春游万寿山报恩延寿寺诸景即事杂咏"的诗中写道：

　　湖水昆明蓄已多，雪消冰解涨新波。

---

① 孙文起、刘若晏、翟晓菊、姚天新编著，《乾隆皇帝咏万寿山风景诗》，北京出版社出版，1992 年 8 月第 1 版。

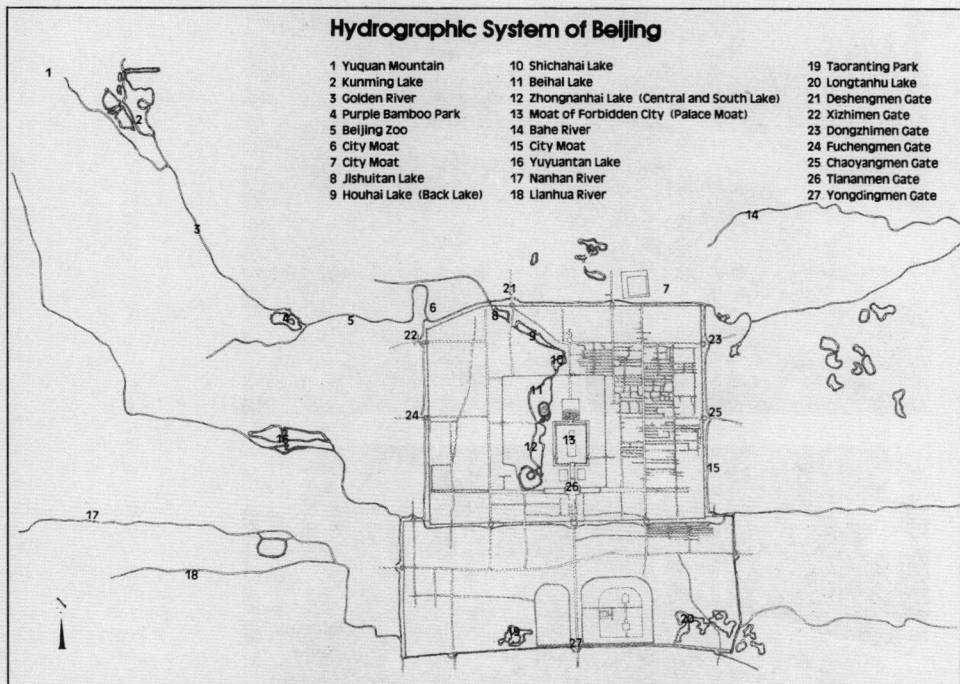

Hydrographic System of Beijing

1 Yuquan Mountain
2 Kunming Lake
3 Golden River
4 Purple Bamboo Park
5 Beijing Zoo
6 City Moat
7 City Moat
8 Jishuitan Lake
9 Houhai Lake (Back Lake)

10 Shichahai Lake
11 Beihai Lake
12 Zhongnanhai Lake (Central and South Lake)
13 Moat of Forbidden City (Palace Moat)
14 Bahe River
15 City Moat
16 Yuyuantan Lake
17 Nanhan River
18 Lianhua River

19 Taoranting Park
20 Longtanhu Lake
21 Deshengmen Gate
22 Xizhimen Gate
23 Dongzhimen Gate
24 Fuchengmen Gate
25 Chaoyangmen Gate
26 Tiananmen Gate
27 Yongdingmen Gate

林丞又怨艰疏泄，守例真工奈汝何。

诗后有一段注释："昨年，司苑囿者每怨湖宽水少不足济用，及秋冬雨雪沾足，亟命储蓄。兹春融冰解水势颇壮，有司又恐溃堤，有增筑之议。蚩蚩之见，故难与之论是非也。"述及了清漪园时期在拓宽西湖之后，昆明湖的蓄水功能是有了，但有关官员又怕蓄水过多水势会冲毁堤坝，所以才有加高东堤的建议；搞的乾隆很是烦闷。

实际上，为了防止这种不利局面出现，乾隆曾命人在东堤上修建了一座可以调节昆明湖水位的水闸，当水位过高时，可以将

上：由东堤上的平桥看下方的八字桥，原来设有调节水位的水闸——二龙闸。

中：两桥之间的景观，依然可以看到连接昆明湖和墙外水系的泄水管。

下：作者给三队小院里的猫儿速写。

湖水经过水闸放到附近的京河里。这座水闸被称作二龙闸，现在保留有水闸遗址。

"二龙闸"距离我们居住的三队小院很近。如果在颐和园东侧围墙外面找，可以发现石制围墙的下部与外部京河的交界处有一道圆形拱券，拱券上方有"二龙闸"三字。如果在颐和园东侧围墙的内部看，出了颐和园食堂的过道门折而向南，沿着东堤走不多远就可以看到在东堤和东侧院墙之间有一条东西走向的水道，水道上架着两座小桥：架在东堤上的为两孔平桥，架在两者之间的是两孔的八字桥。现在，当年的水闸铁制构件已经难觅踪影，石桥的侧面也长满了藤本植物，但这个当年的水利设施遗址却保留了下来。

由于两孔的八字桥部分位于东堤平桥的下方，如果想仔细观赏就得顺着一段台阶绕到东侧低于八字桥的平面上，上上下下地有点麻烦，使得跟着导游游览的游客并不会留意这个地方。倒是有时看到几个老人会依着上面的桥栏对下面的遗址指点一番。

晚饭后，以门廊下嬉戏的小猫为模特画速写。

开始时还好，猫儿吃饱后洗脸、舔毛，这时它的身体主干基本保持不变，或者变化的幅度较小，只是头部的姿势变化较大；清理完毛发后就躲在石阶上趴下休息，看来它也怕热，这样趴着可以多借些石头上的凉气。

一个带过设计课的女生看它跑远了就过去把它抱过来，好让我接着画，但它并不情愿在人多的地方休息，过了一会儿就又离开了。

　　带测绘的老师中还有几位喜欢小猫。一位老师在家里养猫，也很喜欢院子里的猫，看着大猫带着几只小猫在院里玩，就想过去接近小猫，把它抱在怀里。不想这里的小猫不是家养的宠物，不仅对人不信任，而且充满野性，见人就跑，他追了几次也未得手，逗得大伙笑个不停。

12

西堤、畅观堂、耕织图、北大未名湖

（2006 年 7 月 13 日，周四，晴）

　　昆明湖的水面基本由三个部分组成，正对万寿山的昆明湖为主要水面，其中以南湖岛为点景，另两个湖面位于昆明湖的西南，称作养水湖和西湖，分别以藻鉴堂和治镜阁为两个湖中岛。站在万寿山半山腰往南侧眺望，视线所及往往只看到西堤以内的范围；若在长廊附近往南看，近处的昆明湖看得较真切，西堤和更远的西湖、养水湖仅仅起到加深景深的作用，看得并不真切。

　　上次游西堤好像是上世纪 80 年代后期的某个冬天，与小秋在园中徘徊了半天，后经西堤走到新建宫门后离开。冬天的湖面结成很厚的冰层，在湖边的冰上"打滑梯"很像回到东北老家的环境。

　　早饭后交代完学生的工作，拉着小王老师去转湖区的南部，即西堤以南的一片区域。每次来颐和园，如果从东宫门或北宫门进园，往往只会游览以万寿山和昆明湖为中心的一片景区，而很少会顾及西堤和西堤以南的养水湖与西湖，而这一片景区，应该是最具江南一带风景特色的地方。

原来计划的路线是从住处出来后先顺着东堤湖岸向南走到南如意门，再折而向西走到西门，然后寻找分隔养水湖和西湖的一段堤坝，到达西堤后再从西堤折到绣漪桥后返回。待我们真的走到西门堤坝与西堤的交叉口时发现体力有些不支了，如果再按原计划走回去会累得"人困马乏"，下午就没法工作了；临时改变计划继续顺着西堤往西北走，走到万寿山南岸，在排云殿前的码头上乘游船后返回。

途中景点以自然状态的草地、树木和池塘为主；位于养水湖中的小岛以藻鉴堂闻名，目前已有桥梁与湖区西岸的道路相连，只是在桥头立有"非游览区"的牌子而不能进入参观。

"文革"后期，刚成立的北京画院曾设在这里，更因为叶剑英元帅的造访和诗句"我期画师新匠意，只研朱墨作春山"而知名。在开国将帅中，只有陈毅元帅和叶帅的文采能得到伟大领袖毛泽东的首肯，可惜陈毅元帅未享高寿，在"文革"的压抑气氛中死于医院，其"文革"中写给文人朋友张伯驹的诗文倒是极见风骨，读来即可感知当时政治风云的严酷：

大雪压青松，青松挺且直。要知松高洁，待到雪化时。

可叹的是这位老将军、老诗人自己未能等到"文革"结束后的"雪化时"。

畅观堂是建在山丘上的一组建筑。

过了通往藻鉴堂的石桥继续往西北走即可看到一座小山和设在山顶上及附近的建筑,这组建筑被称作畅观堂。清漪园时期的建筑毁于咸丰十年的大火,现有建筑为光绪时期重建的。

在小路的东南角爬上一段石阶后可以看到一个高起于地面两层多的三合院,主殿内正在举办有关环境保护的展览,外面的连廊上聚集着一些散坐的老人,或打牌或聊天,看起来很是轻松愉快,脸上多挂有笑意。

在西门附近,小路转向北方,一会儿就并入了西堤,再顺着西堤前行,转过玉带桥后发现在昆明湖西岸有一个新恢复的景区——耕织图。

清漪园时期的耕织图还包括蚕神庙和织染局两处建筑。慈禧重修颐和园时曾在耕织图原址的东侧修建颐和园院墙,在原址上另建了"水操内学堂",由此一来就把这组建筑遗址分隔在院墙之外了。新建的耕织图建筑群坐落在"水操学堂"的前面,正对一片开满荷花的水面,后面的水操学堂也得到了维修,基本保留了沿南北向三条轴线展开的学校格局。

当年的清漪园,西堤是"左昆明右玉泉",昆明湖与外面的水田蒲苇相连,水网交错,一派江南田园风光。中国历史上的皇帝皆以务农为本,乾隆皇帝在数次访问江南以后对江南的农耕、纺织、渔业等十分欣赏,故决定在此模仿江南的农耕场景建成此片区域。

这组建筑除了表示重视农耕之外,另一层含义是用"耕织"与东堤的铜牛相呼应,在一座园林中同时包含男耕女织意象的并不多见。据说乾隆时期,苏州、杭州和江宁的"织造府"每年需选送技工来此值班生产丝绸,并把生产的丝绸作为贡品上交内务府。

当年慈禧太后重修颐和园时,曾打着训练水师的借口,并因挪用海军军费修园而饱受诟病。目前在水操学堂内陈列有对这段历史的图片展示。有趣的是院中停放的一条已经废弃的、称作"永和号"的小火轮船是一条小型游船,专为老佛爷游湖时所乘坐;为了显示皇家的威严,造船师在铁船的两个侧弦各安装一块象征皇权的木雕装饰,忍不住拍照为记。

近年看到一则关于颐和园的野史,谈的是1950年毛主席带家人游园时与柳亚子在长廊里的一段无从证实真伪的对话,对话内容值得玩味。

柳亚子感叹:慈禧太后腐败无能屈服于帝国主义压迫,签订了许多不平等条约，给中国人民带来极大的痛苦和灾难；她把中国人民的血汗搜刮起来，奉献给帝国主义，建造她的乐园，真可耻。

毛泽东回应：她用造海军的钱，建了一个颐和园，当时来说，这是犯罪。现在看来，就是建立了海军，也还是要送给帝国主义的。建了颐和园，帝国主义拿不走，今天的人民也可以享受，总比他们挥霍了好！

近中午，学院一年级组的一些老师和办公室的几位同仁来测绘点玩，笑称是来"慰问大家"。

午饭后随他们一起去清华校园参观新落成的清华大学美术学院大楼，实际是将原来的中央工艺美术学院合并后改的名字。新建筑位于清华主轴线的东侧，原来建筑系馆附近；大楼里多了一些美术学院的气息，进门大厅的一面墙上悬挂着一块尺幅巨大的丝织工艺品，门厅四角摆放着一些现代抽象雕塑；在教学楼的内部参观，看到分配给教师使用的工作室都很宽敞，层高一般在六米左右，墙面上可以展示各种教师创作的大型作品。

随后又到北京大学未名湖沿岸游览。

目前，国内很多大学校园已经被旅游公司开发为旅游景点，以吸引各地高考后的家长和学生访问和"投报"，使得本应寂静的暑期校园多了几分热闹；我们参观的北大校园也是这样，未名湖边也多了一些带着小黄帽的老少游客，从几乎人手一台的相机看，确实已经进入到一个"欢天喜地"的大众文化消费时代。

我们参观的"翼然亭"一带位于北大未名湖的西北部，是清朝鸣鹤园的一部分，为圆明园附属园林之一。此园最初叫春熙院，乾隆年间赐予权臣和珅后曾改为漱春园。现在的河道中还保留着据说是和珅修建的石舫遗迹，这条石舫据说成为后来嘉庆皇帝整治和珅的理由之一。近年热播的电视剧《宰相刘罗锅》和《铁齿铜牙纪晓岚》又把清朝中期的一段历史加以戏说，给国人"恶补"了一番经编剧和导演演绎后的历史课，而饰演乾隆皇帝和和珅的演员也由此成为被公众所熟知的"脸谱化人物"。

傍晚时分，众人又乘车返回颐和园三队小院，众位老师要进园去参观，因为走了一天的路备觉乏累就没再陪同，仅把手边的颐和园导游图拿给了他们。

入夜以后这里开始下雨，开始时是淅淅沥沥的，后来则逐渐加大，有一时段几乎成了大到暴雨，雨点砸在门外小院的地面上，发出噼噼啪啪的、有节奏的响声。

13

景福阁，
补测数据

（2006 年 7 月 14 日，周五，雨后，晴）

昨天晚上和今天上午我们几个带队老师分别对学生的仪器草图进行了检查。

昨天晚饭后，我们让分在东宫门组的三组同学带着测稿和仪器草图到宿舍碰面，几位老师检查一下同学们画图的进度和测稿质量。我们先在两个双人床之间摆了两个方凳，这样同学们就可以将图纸摆在上面，大家围坐在方凳一旁讨论测稿中的错误，好在明天天晴后再补测一些数据；审图次序依次为北配殿、九卿房和大牌楼三组，主要审查测稿中剖面图中的梁架关系、屋面曲线等是否正确。

我当学生的 80 年代初期，在参加在河北清东陵的古建筑测绘

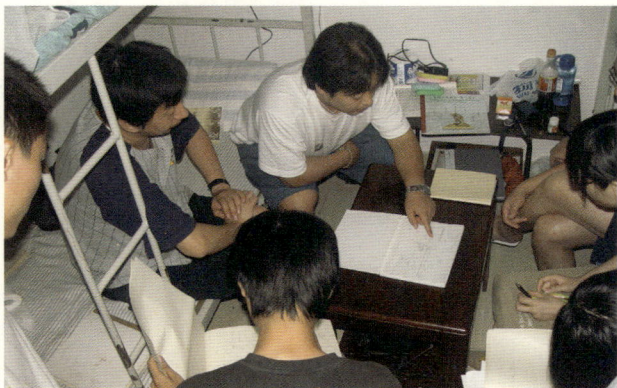

中，带队老师杨老师主要检查各方向的立面是否与剖面中标注的尺寸相符合。由于那时是用硫酸纸在现场画图，而硫酸纸具有透明的特性，老师把同一组建筑的几张图叠合在一起就可以看出尺寸上的误差。

现在由于学生使用不透明的绘图纸画仪器草图，就失去了可以"叠合起来比对"的便利，只能凭借老师的经验和尺规来判断各个分段图是否正确。

北配殿的剖面一看就知道有误，主要是屋面举折关系没画出来；后来详细检查测稿，确定梁架里面的檩下皮到采步金上皮的尺寸没错，两次测量的尺寸误差在一厘米左右，但一部分的梁架被画高了。

九卿房的正殿是小王老师上去测量，我在下面记录采集的数据，根据这些数据画出的剖面基本正确；而次间剖面的屋面曲线画得过缓，正间和次间的屋面曲度有不一样的地方，决定第二天再到现场核实一下。

因大牌楼的正脊高度未测，立面和剖面都有未完成的感觉。想到测量时是小女生爬高测量，为了防止再次爬高出现意外，我

颐和园测绘笔记

建议他们参考其他牌楼的测稿，依据高度相差不多的牌楼曲线类推，总能得到这个局部尺寸；第二天觉得此议可行。

依据昨晚交代给学生的任务，他们上午检查和修改测稿，把要测的数据标注清楚，同时也等太阳出来把建筑屋顶表面的雨水散发出去，下午再到现场补测。

昨天上午乘游船返回十七孔桥码头时，看着湖面上许多游人划着双桨小船，突然想起我们上学的年代，那时候的娱乐活动较少，班级活动多安排在天津水上公园进行，而划船则成为那时候的美好记忆。不经意间一个念头闪过：找时间我们也来划船吧。

看看上午没有什么要紧的事，就提议去昆明湖里划船，为了不声张，只叫了安排在我们组的两个研究生小殷和小邓同行。

四人先在十七孔桥附近的码头租了一条双桨小船，原来常见的木制船体已经改为玻璃钢船体，但船桨还是木制的，划动起来会发出吱吱嘎嘎的声响，很有划船的味道。

小船先沿着南湖岛转了半圈，然后往西堤方向划。这时发现上船时谁也没有带水，便打算上岸去买水，左右看看，只有西堤上的景福阁附近有可以靠岸的码头，从岸上人流的聚集程度看，估计有出售小商品的摊点。

现在的景福阁建筑群由三栋两层楼阁式建筑组成，左右两栋建筑的主体为五开间，为外廊围绕的中筒式结构，其中左右边跨较小，与外廊宽度同宽。中部建筑的二层以上部分与其他两栋相似，一层部分在二层檐口下方设有一圈灰瓦顶，并在各个方向接有一块出厦，使其显得更安稳些。上下船的码头设在正对中央建筑的平台一端。

在清漪园时期，这组建筑为模仿洞庭湖畔的岳阳楼而建，乾隆在一首御制诗中有这样的描述：

> 堤亘湖心上有楼，昆明烟景座上收。
>
> 春秋无尽风兼月，左右何需女与牛。
>
> 鱼颉鸟行自飞跃，波光云影相沉浮。
>
> 岳阳寄语当前景，吾亦同之廑先忧。

这首诗把湖水、西堤、铜牛、耕织图等景物相联系，写出了楼中赏景的一片天籁。

1860年景明楼被毁，慈禧重修颐和园时未修。目前的景明楼是1992年依据原来的式样重建的，联系三栋阁楼的连廊则是上世纪90年代末重建。

曾经看到一张傍晚时在东堤上拍的照片，中景的景明楼与远处的玉泉山、西山构成一个完美的山水风景。在湖中的船上拍照也可以得到类似的景观。

买完饮料和小食品，几人又上船游湖，一会儿就划到玉带桥附近，在这里以玉带桥为背景留有合照。最后划到长廊南侧湖面，再经过知春亭绕回到游船码头。

由于在船上没有防晒、遮阳措施，回去洗脸时发现裸露的皮肤晒得有点发红。

上：位于西堤上的景明楼建筑群，后面是西山、玉泉山等自然景观。（冬景）

下：现在的景明楼建筑群为上世纪90年代重建，近景为正楼，不远处为配楼。

下午 4 时许与小王老师再次进园，在北配殿后面与三组学生会合，分别补测这两天检查中遗漏的数据。

在北配殿北侧小院中再次搭梯子，先补测北配殿角科的一些数据：主要是老角梁和子角梁的一些详细尺寸以及角梁到地面的高度。上次测量之所以有缺憾，主要是另一栋建筑屋面挡在子角梁和地面之间，使皮尺很难直接垂到地面。这次先用钢尺量出两个角梁之间的距离，然后采用分别测量的办法累计出数据，尽管这样测量的数据会有些误差，但面对现实情况也只好如此了。

来到东宫门大院后验证东宫门测稿中的问题，发现有些是测量误差，有些是观察不仔细造成的；对照实物将我的看法一一告知同学：哪些地方需要重新拉尺、重新垂尺，哪些地方需要用水平尺校正。

在九卿房的侧面发现次间的屋面的确比较平缓，工匠在正间和次间的交接部位留出了一个窄缝，并对硬山屋脊的端头部分做了相应处理。由此打消了测稿有误的疑虑。

实际上，测绘的现场部分已经进入尾声，再过两天这拨儿学生会赶回学校画机图，接着会有第二拨儿学生来现场测量。因为小孩中考成绩已经下来，有些事得与家人商量处理，故决定明天即离园返津；向留守的老师们告辞时也说明：处理完家事后再回来。

晚饭后一人从三队的东角门进园，时间在 8 点钟以后。

此时的颐和园已经十分清寂，文昌阁附近喧闹的人流已经退去，只剩下三三两两散步的附近居民；由仁寿殿东侧院到文昌阁之间的出租店铺大部分已经关门休息，也有几个值班的老人坐在门前的板凳上乘凉，知春亭附近的岸边有几个垂钓者做着最后的努力。

在知春亭西侧岸边选了一块方形石块坐下，漫无目的地向四周浏览，远处有一艘渐行渐远的快艇，在湖面上激起一条漂亮的灰白色弧线。脚下是水面拍打岸边的、有节奏的响声。晚风轻拂，只是缺少一轮明月了，转念一想：人生事又怎能求全呢！

东堤上欣赏暮色中的万寿山与昆明湖景色。

离开知春亭后又往玉澜堂方向走了几步。这时的玉澜堂大门已经关闭，但大门左侧的窗户上还闪亮着一片黄色灯光，灯光透过细碎的窗棂渗出，凸显出古典性图案的剪影效果。

玉澜堂的西侧有几处向湖面凸起的平台，构成了"九道弯"小路上的曲折与变化，此时，无论是可以拍摄"古装照"的平房（东为藕香榭），还是两层的"夕佳楼"，都已经沉睡下去，掩映在一片剪影之中。往乐寿堂方向眺望，只有门外码头上方的拱形灯柱显得十分夸张和孤立，慢慢地也掩映在一片暮色之中。

眼前的人工景物都慢慢地消隐在夜色之中，如同曾在这里上演的一段段近代史，一个个曾经粉墨登场又慢慢退场的历史人物。

当我回到住地的小院时，一只黄猫正在横穿院子，然后跨过西北角的院墙后消失不见了。尽管不是家养的猫，但它对小院里的人和颐和园里的人早已司空见惯，也许它们早把自己看成是这个园子的主人吧。

奇怪的是今天它在转身离去前警觉地回头望了一眼，黑夜里就多了两道光柱，两个光点。

二〇〇六年 测绘笔记

105

0 5 10 15m

N

二〇〇六年

测绘笔记

7月23日—7月29日

14

花承阁遗址，
宜芸馆，玉澜堂

（2006 年 7 月 23 日，周日，阴转雷阵雨）

　　在家里待了一个星期，听还在颐和园带队的年轻老师说，第二拨学生的测绘工作已经开始，去韩国参加学术会议的老王老师也已回国并住在三队的小院里，不觉心动，便决定再去颐和园住几天，也可以把想拍而没拍的地方拍完，未能细看的地方仔细品品。

　　下火车后乘地铁到宣武门站下，将前段时间在颐和园拍摄的、已经冲洗好的幻灯片取了出来，然后继续乘地铁抵达西直门，出站台后转乘 13 号线轻轨至五道口，再打车到三队大门附近。折腾到住地时已近中午，把在宣武门附近超市买的熟食和辣酱等分给几个年轻老师，随后与他们一起去食堂打饭。

　　一会儿老王回到宿舍，寒暄几句后告知："我下午要返回天津，处理一个出版社的约稿。"看来很难有机会住在一起聊天了。

对于"韩国以风水为题申遗"的结果，只告诉我"因为会议上众多代表的反对而作罢"。由于风水问题牵涉的方面很多，造成鲜有人去做真正的研究，而一旦国际上有什么风吹草动，国内的学术界又很着急。而在北美一些国家，"风水"和"易经"等概念已经被广泛接受，成为东方文化的典型代表。

当问及这期测绘点有什么好玩的事时，他先问我："你知道湖中如何架桥吗？"然后就随手拿起桌上的一张纸画起来，随画随讲十七孔桥的地基做法：先在湖底泥中打上柏木桩，再在上面铺设青石板，最后在石板上架桥。最后建议说："你明天去现场看看，他们正在测量。"并向我介绍说："琉璃塔上的脚手架还未拆除，可以爬上去看看二层以上的细部。"随即又向我介绍了其他几个值得看的地方，如排云殿附近的介寿堂、长廊附近的养云轩、后山的乐农轩等。

看他有些倦容，就建议他上床躺一会儿，他自己解释说，昨晚给研究生训话，搞得很晚才躺下，又过了好一阵才睡着，所以中午就有点精神不足了。

午后的三队小院显得很安静，平时常见的猫群也不知道跑到哪里玩去了；在各个测绘点工作的同学一般在后面食堂吃过饭就又返回测绘点，这时也不会到小院来。

在别的空床上休息一会儿后，从隔壁食堂的角门进入颐和园。

沿着去后山的山路先来到花承阁遗址，这里平时的游人就不

多，今天天色阴暗，更是少见人影，只是我的脚步声惊起一些躲在砖石上觅食的小鸟；它们忽地飞向天空，反倒把我吓了一跳。

从花承阁遗址的地貌还可以看出被毁坏前的大概样子：位于中部的三合院建筑，其朝北的主殿称作"莲座舟云"，三合院的北侧有个木制单跨的仪门。中轴线的东侧为一个不规则园林院，靠东一侧为两层的楼式建筑——六兼斋。中轴线的西侧为至今保留的多宝塔及附属建筑。当时有一条半圆形围廊将这三部分建筑围合起来，后来根据遗址测量推断，围廊柱间有 37 间之多。

现在，除了西侧琉璃塔轴线上的建筑，遗址上东部、中部的地面建筑均已不存，只留下一些高低起伏的台地和当时摆放的一些山石和假山。随手在速写本上勾画出遗址上的六兼斋北侧的大假山速写一张，据说假山是乾隆清漪园时的遗物。实际上，这段假山上有意分开的两个洞口可以沟通六兼斋以西内院到仪门前的一段不规则空间。

琉璃塔附近已经没有几周前测绘时的热闹，看到供测绘用的

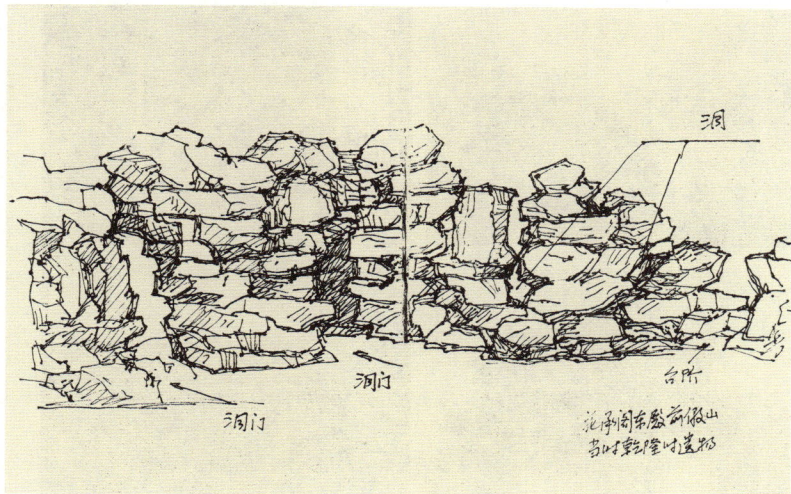

作者绘花承阁东殿前假山速写。

铁制脚手架还在，塔上各层的风铃在风声中叮咚作响。看到有些起风，加之没有同伴，便打消了攀爬脚手架的念头。

当天空真的下起雨时，我正在后山须弥灵境建筑群的西侧树丛中考察；在树丛中间还能依稀辨别出一些古建筑的砖石基础和柱础，清漪园时，这里曾建有一组书房性建筑，称作"构虚轩"，被英法联军焚毁后再未重建。在遗址石缝间偶然拾得一小片青花瓷片，瓷片胎体细腻，绘画精美，具有典型的康熙朝工艺特点。回家后曾与手里收藏的清代其他时期的瓷器对比，发现其具有无法仿制的一些特点。如果将这一时期和后来的仿品相比，可以看到在胎釉和青料发色上的明显不同：

尽管这块小瓷片的胎体很薄，但透过断面可以看到瓷胎洁白坚硬，胎釉结合紧密，青白色的釉面呈现出一种深沉含蓄的光泽。在青料方面，发色纯正，鲜蓝青翠而无漂浮感，所绘图案往往如同佳墨画在生宣纸上，把物象的深浅浓淡表现得十分充分，可以看到青料的四五个层次。而仿品的青花发色很难达到这个水平，

一是线条僵硬，再者是图案中的青料层次太少，能看出两个以上就不错了。

可惜这些精美器物毁于一些人为的破坏。

看着雨下得还不大，赶紧沿着后山山路往回走，先赶到谐趣园的西侧廊道中避雨，休息一会儿后紧跑几步赶到德和园与乐寿堂之间的北后院，也就是宜芸馆的后院，随后经过一段半封闭的游廊来到宜芸馆的前院里。

在宜芸馆南侧的垂花门附近，找到一处可以避雨的檐廊下坐定。因为下雨，这几个小院里的游人减少了很多，少量的游人也同我一样转到有廊道挡雨的地方避雨。

先是坐在廊下呆呆地看了一阵雨：这时的小雨已经变成暴雨，砸到院子中的雨点如同炒豆子一般噼噼啪啪作响，可以看到大个的白点往上跳，原来是雨点的地方已经变成了冰雹。看到雨势没有要停的意思，转而想去看镶嵌在大门东西两侧的碑刻：书法为乾隆皇帝所书，内容多是他临写古代书家的名作。

　　唐代以后的中国社会施行科举取士，出身贫寒的读书人若想改变自身和家族地位必须通过寒窗苦读和各级考试来达到，而考试中士子的书法水平则成为评判试卷的第一步，甚至有因书法不佳而难以被录用者，故而习字也就成为蒙童进学以后的常课；而在没有印刷术的古代，书法家的真迹往往被收藏在帝王之家和少数收藏家手里，即使是依据原作石刻或木刻制成的拓片也极为稀少，从而使得书法拓片成为古代读书人追捧和收藏的对象，这也是当时社会刻帖和拓片盛行的原因之一。

　　清初时的康熙皇帝喜欢明朝董其昌的书法，后来的乾隆皇帝推崇元朝赵孟頫的书风，上有所好，下必甚焉，故近三四百年，研习赵、董书风的学子不计其数，影响中国书坛也有几百年的光景。从镶嵌在西侧廊道里的五方刻石看，就有御临颜真卿的《自书告身帖》、临米元章的《和林公岘山之作帖》、临赵孟頫的《归田赋帖》和《李白诗襄阳歌》、临董其昌临写的两幅颜帖。

　　乾隆皇帝以文治武功自得，其书法得到赵体字平稳流美的特点，以帝王身份巡视各地，在名胜古迹常可看到他写的诗文刻石。之所以把他临习的古人法帖镶嵌在宜芸馆的墙壁上，应该有他教育后代子孙的用意，那时的宜芸馆还是作为皇帝的书斋和藏书楼在使用。

　　尽管是在暑期，一阵暴雨袭来还是觉得阵阵凉意，不禁想：这时要是有些小二锅头就好了，一来驱赶寒气，二来可以邀雨对酌。

　　心有所想，眼睛就搜寻着刻石上与酒有关的内容，瞄到了一段《襄阳歌》中的诗句就随手抄录下来：

> 旁人借问笑何事，笑杀山公醉似泥。
>
> 鸬鹚勺，鹦鹉杯；
>
> 百年三万六千日，一日须倾三百杯。
>
> ············
>
> 千金骏马换小妾，醉坐雕鞍歌《落梅》。
>
> 车旁侧挂一壶酒，凤笙龙管行相催。

大唐社会宽容，才能催生李白这样的"诗仙"、"酒仙"，才能有这样的诗句传世。

趁着雨势稍减，穿过宜芸馆与玉澜堂之间的一段园林就来到了玉澜堂的院子，因为下雨的缘故，今天游人顿减。

在慈禧重修颐和园以后，慈禧太后住在乐寿堂，光绪皇帝住在这个被称为玉澜堂的院子，刚才经过的宜芸馆由隆裕皇后居住，这样安排，也方便皇帝和皇后及时地向老太后请安。

现在的玉澜堂主殿还保留着当年的室内家具和陈设，但只能隔着门扇上的玻璃向里面眺望：堂内的中央部分设有一个两步台阶的地平床，地平床上面设有雕花宝座和书案，宝座后面立着一面五扇玻璃围屏，围屏的画心上有青绿山水画，在宝座两侧立有两只用鸟羽制成的掌扇，宝座上方悬挂着盖有慈禧太后印章的四字匾额等。主殿西间是光绪的卧室，布置简洁。

在戊戌变法期间（1898 年 6 月 11 日开始），光绪皇帝为了拉拢掌握北洋新军的袁世凯，曾在任命他（兵部）侍郎候补后的第二天（1898 年 9 月 18 日），在玉澜堂主殿召见袁世凯，以示"君恩"。

戊戌变法失败后，慈禧太后重新训政。每当慈禧太后再来颐和园，光绪皇帝会随行住在玉澜堂内，但这时的玉澜堂小院已经经过改造：原来通往后院宜芸馆的通道被堵死。原来院落东侧可通往仁寿殿的建筑称作霞芬室，西侧可通往八道湾湖岸的建筑称作藕香榭，后来这两条通道门也被砖墙堵死，光绪皇帝在太监的看守下完全失去人身自由。

在这样的空间里生活，光绪所能做的，只能是读书、写字和画画了。现在颐和园中能够见到的光绪御笔有前面提到的"颐和园"门匾和保留在这里的"玉澜门"匾额，字体笔势娟秀。

据当时在颐和园里值班的太监回忆，光绪皇帝在心情郁闷时，会在玉澜堂的院子中敲打为京剧演出伴奏的"小鼓"，或紧或慢的鼓点表达的是自己内心的苦闷和无奈。

想想现在落在院子中或紧或慢的雨点声就有点京剧"定音鼓"的味道。

趁着这时人少，先买了一件三元的雨衣，然后冒雨在院子里选取角度拍照；看着我拍照，看门的女子说："这个院子很少见到今天这么少的人，早晨也没法拍照，还未开门就在门外站了几拨人，都等着冲进去呐！"看着人家要关门下班，赶紧知趣地离开。

此时天色渐暗，雨中的万寿山、佛香阁等一片烟雨迷蒙，别

左：位于花承阁遗址中部的湖石与基座为乾隆时期原物。

右：湖石基座细部，表现了乾隆时期的石雕工艺水平。

有一种凄迷之美。

忽然想起刚才看到的，挂在玉澜堂主殿前的对联：渚香细裹莲须雨，晓色轻团竹岭烟。一时词穷。

晚上在住地，利用观片器查看几周前拍的正片（幻灯片）；因为那几天光线充盈，正片的色彩十分透亮，特别是在花承阁遗址拍摄的数张，其效果很令人满意。尽管位于花承阁中轴线上的主体建筑已经无存，但院落中部的太湖石基座却保留了下来，可以了解乾隆时期石雕工艺的精湛：在基座的四面采用深浮雕手法雕刻着海浪和一些海兽图案，画面生动而奇异，具有极高的艺术价值，是人们认识乾隆时期清漪园建筑面貌的可靠证据。

15

玉
澜
堂
，
宜
芸
馆

（2006 年 7 月 24 日，周一，晴）

　　经过昨夜雨水的冲洗，早晨天空中出现了难得一见的蔚蓝色，很有立秋的感觉；照在草木上的阳光也显得十分透亮和温暖，还原出草木的青绿本色。

　　昨天匆匆地在由玉澜堂和宜芸馆构成的建筑群中避雨和休息，但因为下雨，对院落布局以及各个院落的特点并未细看。尽管最后在玉澜堂里拍了几张建筑，由于天色昏暗，估计效果也不理想，计划借着今天的好天气多拍几张，也仔细研究一下这组临近昆明湖东北角的建筑群。

　　目前很多介绍颐和园的画册都会选取这组建筑的西侧画面：画面中的主景是位于玉澜堂和宜芸馆之间的、两层高的夕佳楼与有平台临水的藕香榭。由于这两个建筑的西面均有平台和小路伸向昆明湖，也使得这条被称作"九道弯"的临湖小路成为游人游览颐和园前山前湖景区的必经之路。直到傍晚时分，当游人基本离园后，还会有些摄影发烧友站在临湖的平台上拍摄以万寿山和昆明湖为主景的画面。在颐和园测绘期间，我也偶尔充当一回这种"发烧友"，并拍到一些相对满意的照片。

对比乾隆时期的清漪园，现在位于同一条南北轴线上的玉澜堂和宜芸馆两个院落以及位于两者之间的夕佳楼都是延续了当时的规划布局，甚至名称和位置都没有改变。那时的玉澜堂曾作为高宗皇帝的书房使用，宜芸馆则充当皇帝的书斋和藏书楼，而夕佳楼则成为欣赏临湖风景和远处玉泉山的一个观景点，另外两个观景点是与夕佳楼相邻的藕香榭（位于玉澜堂小院）和近西轩（位于宜芸馆小院）。据史料记载，高宗皇帝曾在藕香榭里召词臣宴饮赋诗，并留下多首题咏藕香榭的诗文，其中一首曾提及建筑命名的缘由：

藕在深泥讵解香，生莲风馥满池塘。
莫嫌榭额失颠倒，无藕何由莲吐芳。

古人对建筑的命名讲究具有可以品味的深意，而不提倡直白和浅显。

吃完早饭来到玉澜堂的大门南侧，透过门前的一片柏树林可

上：由玉澜堂、夕佳楼和宜芸馆构成的湖区东北角界面。

中：由藕香榭西侧平台北望可以看到中心位置的夕佳楼。

下：由近西轩西侧所看到的风景：近景为乐寿堂大门和码头，远景可看到佛香阁和玉泉山。

以观察到这组建筑群的大门和附近景物。由于未到开放时间，门前停留的游人并不多。

大门具有王府大门的格局，为带檐廊的三开间硬山建筑，正中开间设有双启式大门和一对抱鼓石，在大门南侧的空地上还立有两块观赏石，得"丑"字诀。大门上方有光绪皇帝题写的"玉澜门"三字竖匾。据称，戊戌变法以后，慈禧太后为了发泄对光绪的愤恨之情，下令将香山内廷中的两块子母石移植到这里，用以显示顽石尚有母子之情，责骂光绪忘恩负义，行为不及顽石。

进入大门后即来到一个被游廊和建筑所围合的方形院落，其中的西配殿为五开间的藕香榭，东配殿为同样开间的霞芬室。在清漪园时期，这两座配殿在东西轴线上均设有穿堂门，现在，在霞芬室的东侧还保留着一处外门和室外台阶，并挂有"清风和穆"的门匾。据此推测，应该是一处东西可以穿行的建筑。霞芬室的这个大门与宫廷区的仁寿殿相邻，在分隔两片区域的假山之间设有方便行走的石板路。

光绪皇帝曾经居住的玉澜堂小院，中部为玉澜堂正殿。

　　位于院落南北轴线上的北房为三开间的玉澜堂正殿，中央一间设有皇帝召见臣僚的宝座等设施，西间为皇帝的卧室。原来在玉澜堂正殿的两侧还各建有两开间的耳房，东耳房曾作为光绪的书房，西耳房为厕所。大概在上世纪五六十年代，颐和园方面考虑到日益增多的游人，也为了方便游人在院落内部通行，将正殿两侧的耳房拆除改为通道，从而形成现在的格局。如果仔细观察，在西侧过道里还可以发现保留在正殿西墙上的木制门框。

　　从玉澜堂西侧的过道继续向北，就来到一处过渡性空间。

　　在院落中线两侧各设有一组用湖石堆砌的假山，其中，西侧的假山略大，据说是仿照苏州狮子林的假山风格。实际上，这里的湖石假山遮挡住西侧夕佳楼的大部分体量，使之在院落中显得不太突兀。

　　在院落中观察，玉澜堂和宜芸馆的建筑体量均为一层，而处于中段过渡空间的两层夕佳楼的体量就显得有些"喧宾夺主"了。为了削弱这种空间设计上的不适，这组太湖石假山就显得十分必

左：宜芸馆大门附近景观：近处是由垂花门和隔板构成的空间，右侧墙壁上保留着乾隆书法石刻。

右：具有王府风格的玉澜堂大门。

要，位于夕佳楼与假山之间的繁茂树木，也都起到了一定的遮挡作用。

实际上，在湖面上欣赏九道弯的侧面"界面"与在这组建筑群中穿行会得出两种不同的空间感受：如果站在乐寿堂前面的平台隔着一段湖面看，夕佳楼是昆明湖东北角东侧界面的主体；而在院落内部穿行，人们往往会记住玉澜堂小院和北侧的宜芸馆，对于中间的过渡性空间，一般会对小院中的假山和古树留下印象，却会忽略西侧夕佳楼的存在。

宜芸馆为当时隆裕皇后的住所。

宜芸馆的大门为垂花门，屋顶采用勾连搭形式，实际上是两座垂花门并联在一起，这样，无论是在夕佳楼小院还是宜芸馆院落内部，都可以得到相对完整的建筑景观。为了显示男女有别，阻挡有人窥视皇后等女眷的活动，在两个垂花门的相交位置设有一片木板墙遮挡视线。

进入内院后，可以发现这个小院是一处比玉澜堂略小的四合院。设在中轴线上的正厅为五开间的宜芸馆，两侧厢房，无论是

临湖的夕佳楼位于玉澜堂与宜芸馆之间，被院落里的树木和湖石假山所遮挡。

西侧的近西轩还是东侧的道存斋也均为五开间，几个建筑与垂花门之间用游廊加以连接。昨天看到的、高宗弘历临写的"三希堂"书法刻石就镶嵌在紧邻垂花门的两面侧墙上。院落中还散落着一些原来盛放青铜器摆件的汉白玉石礅，成为很有特点的室外点缀和装饰。

皇后隆裕是慈禧太后兄弟桂祥之女，算起来是慈禧太后的内侄女。

1908 年 10 月，光绪皇帝和慈禧太后相继病故后，宣统皇帝（溥仪）继位，将隆裕尊为皇太后，上徽号为"隆裕"。但此人不仅容貌一般，也缺乏慈禧太后驾驭政局的能力与才干，史料称："隆裕为人，庸碌无识，较之慈禧则远远不如。"[1]

当武昌响起革命党人枪声后的第二年（1912），在权臣袁世凯和太监张兰德等一帮人的威逼恐吓下，为了保住"太后之尊严

---

[1] 载润，《隆裕与载沣之矛盾》，刊于《晚清宫廷生活见闻》，文史资料出版社，1982 年 9 月第 1 版，第 76 页。

与享受"，隆裕太后以宣统的名义颁布了逊位诏书，结束了清朝近三百年的统治。这件事也造成了隆裕太后的精神抑郁，使其时常处于自责之中，随即在 1913 年去世，时年 46 岁。

实际上，凡是朝代出现更迭之时，被取代一方的阵营中总会有各种谋求"自保"的人，追求个人享受的人，他们早已忘了祖先打江山的艰难。但是，在漫长的中国历史中，朝代更替又是一种自然规律。据学者统计，历史上的朝代一般以三百年为分界线，像明朝延续了 276 年，清朝延续了 296 年，最长的宋朝，北宋与南宋加在一起也仅仅到了 319 年。这里，尽管王朝消亡的原因各有不同，但"有数存焉"却是不争的事实。

与南面玉澜堂的院落构成基本相似，宜芸馆四周也以游廊加以沟通，只是这里的游廊紧贴周围的墙壁设置，而在玉澜堂院落四周，有部分游廊根据周围建筑的前檐抱厦而设，被称作"窝脚游廊"，如果在游廊里行走可以欣赏游廊两边的景物而不只是一个方向。

穿过宜芸馆正厅一侧的走廊就可来到宜芸馆的北侧庭院。在光绪时期，这个庭院划归宜芸馆的范围，属于"宜芸馆两进院落"中的最后一进。

只是现在这个院落显得有些杂乱和热闹，仿佛成了一个交通性枢纽空间，可以用"四通八达"来形容。除了通往南侧的宜芸馆和玉澜堂，往西可以到达乐寿堂，往东可以通往德和楼正门和仁寿殿，往北则穿过一段廊道与台阶就可以进入万寿山的山路。

位于宜芸馆北侧庭院，左侧大门通往乐寿堂，游廊通往东边的德和园看戏区。

我带学生往后山多宝塔的小路就从这里开始。说其热闹是在庭院的东北角有一片摊位区，出售饮料和旅游纪念品等，使其周围总是聚集很多游人。在宜芸馆的房后台阶上也会停留一些游人，他们往往刚刚参观完附近的某组建筑群，在这里休息片刻后再赶往下一个景点。

这个庭院同样被一条"L"形游廊所围合，只是因为院落中摊位和树木的遮挡，加之游廊的开敞面设有隔扇窗，使得人们往往会忽略这组游廊。如果进入游廊内部可以发现这条走廊可以由西侧院门一直通往东侧的德和园大戏楼的中部，只是由于现在游廊尽头的大门落锁紧闭而使得这条游廊失去了过去的通行功能，显得有些清冷和幽寂。

在清漪园时期，现在的德和园位置为一片相对开敞的园林用地，其中设有两进院的书斋式建筑"怡春堂"，重修颐和园时，慈禧主张在这片基址上兴建德和园大戏楼。现在围绕宜芸馆后院的游廊则可以方便皇太后和皇后等人从住地就近进入德和园看戏区，而不必再绕到德和园的南门进入了。

二〇〇六年 测绘笔记

125

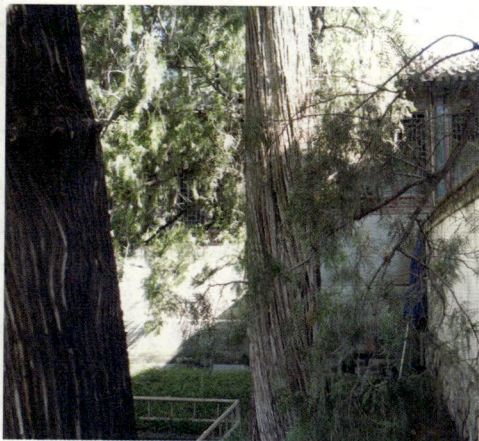

近几日，或夜里下雨或早晨再下一会儿，从拍照的角度看，雨过天晴的时候当然美好，但对测绘工作则有较大影响，影响之一就是上房测量时因屋面较湿滑而增加了危险系数。虽说这种天气比艳阳高照时好些，空气中总会多些清爽的泥土气，但工作时的汗水并不少流，往往从驻地赶到测绘点，随便干点什么都会在皮肤上出一层细汗，黏黏的还不容易干，这就是我们所说的桑拿天了。

围着玉澜堂、宜芸馆和乐寿堂建筑群转折拍照，拍了两卷身体上就有些吃不消，主要是眼睛太累。用手动的变焦镜头拍照，需要用右眼通过相机右上角的小孔取景，时间一长，就会觉出两个眼睛的不平衡，看东西的清晰度都受影响。

午睡后未再进园，而是在住地观察小园内的猫群活动。

一只刚刚可以自由跑跳的小猫不知怎么就爬上了园内的柳树杈，这里距地面的高度也就一人多高，但对于一只小猫而言这个距离还是有点惊险，小猫在树杈上探头呼叫，好像有些"不知所措"。这时一只大猫走过来，先是"喵喵"地叫几声，像是安慰自己的孩子，然后顺着树干向上爬，爬了几下就又顺着树干退了下来。一会儿，小猫像是看懂了似的，也学着老猫的样子"倒着身子"往下爬，待回到地面以后，大猫才走过去安慰小猫，给它舔毛。

电视节目《动物世界》上介绍，野生的猫科动物，其狩猎的本能除了遗传因素，就是向家族内的母亲学习，这也是群居的野生动物比之人工饲养的动物更具生存能力的原因所在。

另一只黄色的公猫则躲在一片紫苏丛中睡觉，紫苏已经长到三十厘米以上，正好可以给躺下的猫儿遮阳。猫儿也许早已经把这里当成它的卧榻，睡得安稳而放松，可以看到它的胡须会颤抖，有时后腿也会动，也许它正在做着一个好梦。

想起画家徐悲鸿一幅题为"颟顸"的立轴①，画面上画有一黑一白、一立一卧的两只小猫，题画诗为："颟顸最上策，混沌贵天成。生小嘻憨态，安危不动心。"徐公以画马著称，但所画动物都有一股生猛之气，想来是长期观察和写生后的成果。

猫儿的活动规律与人类相反，一般是白天休息，晚上活动，从而人们形成一种错觉，好像它们总在睡觉，一副"浑浑噩噩"的样子，实际上，猫儿是最有灵性的动物之一，也是至今未被人类完全豢养的动物，即使是家养的猫儿，也还保留着一定的"山林"野性。但这种话也只能说给爱猫或养猫的人听听。

---

① 《徐悲鸿彩墨画》，人民美术出版社，1981年6月第1版，画幅23。

16

养云轩，无尽意轩，北宫门，后溪河，鉴远堂

（2006 年 7 月 25 日，周二，阴转多云）

　　早晨在食堂吃饭时，小丁过来告诉我："今天请了两位颐和园修建处的老师傅来各处转转，讲讲修建时的故事和传说，如果有时间，可以跟着一起聊聊。"

　　我国的传统技艺多靠师徒口耳相传，有文字记录的只是少数，古代的营造技艺更是如此。现代社会由于教育方式的改变，很多技艺都有失传的危险。当年梁思成在写《清式营造则例》时若不是请教一些当时住在北平的老匠师，注释清代的营造法式，现在再来做这件事会有更大的困难，由此看，抓紧采访一些老工匠，记录他们的过往经历，应该是非常有价值的工作，也应该是口述历史的一部分。

按照约定，上午 10 点前后来到前山山脚下的养云轩，这组建筑位于长廊东端的北侧，与东边的乐寿堂建筑群隔了一个隐藏在三拱门洞后面的山路。如果在小路的南端观察，可以看到与两侧白色院墙不同的、稍稍退后的一段毛石墙，在石墙的下方开有三个拱形门洞，这里提供了一种由半山景区到沿湖景区的便捷性联系。

待走进养云轩的院门，看到一些年轻老师正陪着两位老人在那里闲聊，介绍后得知那位年龄较大的师傅姓甄，今年七十多岁，退休前是三队主管土建维修的老师傅，现在三队在岗的大部分工匠都是他带出来的徒弟，他的子女也都在园里工作，应该算是祖师级的人物了。

仔细打量一下，老人面色红润，上身穿一件灰蓝色的半袖衫，

由养云轩北侧院落看南侧大门方向。

下穿蓝黑色裤子，头戴一顶白色遮阳帽，与现在的员工工作服差别不大；也许是长期劳作的原因，老人走起路来依然很稳健，也很健谈，对颐和园内的建筑和大修时间还记得很清楚。

看到这么多"读书人"请教他，老人显得十分高兴。

甄师傅原来学的是泥瓦行，向我们介绍说："原来我师父家里有副对联，写有：三砖五瓦一刀灰，七水八木九杆尺。讲的就是土建行里的各个工种。"

"听老人讲，修建颐和园时与样子房（指设计部门）相配合的工程队是门头沟的党家，相继有党海亮、党得山等，曾与我一起做活的党家人，人们叫他党大个儿，可惜到他老时，儿子们都先他死了，落得晚景孤独啊。"

"为什么门头沟出工匠呢？门头沟出建筑材料呗。原来门头沟的三家店、杨村一带出产虎皮石，在琉璃渠一带可以烧制屋顶上的琉璃瓦，过去干活是包工包料一起算，当然是使用本地人划算了。"

就这样我们跟着老人走走停停，上午主要转了养云轩和相邻的无尽意轩，中饭后又转了北宫门和苏州街一带，后来搭车去南湖岛，看龙王庙南侧的一组建筑。

左：养云轩上层院落的北侧厢房。

右：养云轩的西北角，连接正房与厢房的游廊。

养云轩

养云轩里面现在属于员工内部用房，目前作为颐和园的图书资料室使用，并不对外开放，这次进来也好仔细看看内部景物。

院中建筑借着地势主要分布在两个不同的标高上，相差不到两米。

上面的主要建筑为五开间，位于院落北侧，两侧配殿为三开间。院落空间为三面围合的扁长形，由于还有下面一层院落，站在主殿前面往南看，还是显得空间很开阔。穿过主殿两侧的"L"形回廊可见东西两个小跨院，院内树木葱郁，使小院显得很清幽，很适合作为书房读书。

下面的小院只有两侧有配房，各三开间。比对清漪园时的设计，下层院东、西两侧的房子当为慈禧重修颐和园时所添加。

整个建筑群带给人惊喜的地方是两个台地之间的连接和分隔，连接采用了不规则形台阶，旁边用假山石和矮墙遮挡人们"一览无余"的视线。

为了保证内部环境的清静，在与大门相对的位置上设有一个木制影壁，刷有绿色油漆，使它与院内的绿色植物更般配些。

查阅有关颐和园的史料得知，这组建筑是保留下来的少量清漪园时期的建筑，当时曾作为高宗弘历的书房使用。由于这里背山面湖，成为汇聚山岚水气的地方而得到乾隆皇帝的喜爱，并有诗文描述他"养云祈雨"的心情：

岩室无端倚翠微，朝岚夕霭蔚芳霏。

便应满贮英英气，留待三春作雨飞。

后来慈禧在园内居住时，一些嫔妃、格格和命妇被安排在这里休息，如意馆画师缪素筠与太后的女官德龄、容龄两姐妹都曾在此居住。

只是因为院里的树木繁茂，树荫遮挡了很多阳光，使得院内的气氛显得有些幽暗，倒与养云轩两侧配殿上题写的门匾"随香"和"含绿"相暗合。

无尽意轩

无尽意轩位于养云轩的西侧，与大门相对设有一个长方形水池，很像是东侧葫芦河水系的延伸，命名为"无尽意"当与这条水系有关。

如果比较其与养云轩的大门处理，一为正襟危坐的端庄格局，一为具有乡间野趣的低调处理；养云轩的大门为中西合璧式，大

颐和园老职工甄师傅（右）在无尽意轩的园内讲解历史。

门由于两侧实墙的衬托和上面的两层平行的檐口显得很突出，门前的台阶与大门设在同一轴线上，采用比较直接的进出方式。而无尽意轩的大门采取传统的垂花门式样，门前设有一块高起的平台，进入大门的台阶设在东西两侧，如果从南侧向北观察，砌筑水池的不规则石材仿佛在门前直接升起，托起大门南侧的平台，这些石材因靠近南侧道路，使大门和大门两侧的一层围墙有明显的退后感。初次来到颐和园的游人往往会忽略这组建筑。

无尽意轩里面的院落格局相对简单，仅为一进的扁长形院落。目前的院落对外开放，中间的北房作为纪念馆使用，轴线两侧的建筑为销售艺术品的画廊。小丁老师带的几个学生正在西厢房里测绘，室内一个上人孔的旁边架着一个木梯子，可能有学生正在测量屋架。

光绪时期，每当慈禧和光绪来颐和园时，皇帝和皇后住在玉澜堂和宜芸馆，太后住在乐寿堂，一些伴驾的嫔妃则有的住在这里。听到我们这般议论，正在西配殿中测绘的女生一脸疑惑，觉得妃子住这样的小院太寒酸了。她哪知道皇帝的妃子那么多，能被带

左：颐和园北宫门，也称北楼门，光绪时期重建。

右：甄师傅和测绘老师在北宫门上层。

出皇宫玩玩，有这样的小院住已经很不错了。

北宫门

　　北宫门一组建筑始建于乾隆年间，时称"清漪园北宫门"和"清漪园北楼门"。门前有石狮子一对，东西朝房两排。北宫门面阔五间，上下两层，楼上有围廊；弘历母亲曾在楼上观看内务府前锋营的马术表演。在 1860 年的劫难中，北宫门及朝房被英法联军焚毁，现在的格局为光绪年间重建。

　　在乾隆时期，北宫门是进出清漪园的主要入口，从专家复原的清初北京西北部的园林分布看，清漪园正位于由圆明园到静明园和静宜园的主要道路一侧。当时出西直门到香山卧佛寺进香的道路也会经过北宫门一带。

　　后来重建颐和园，在东宫门一带兴建了大量办公区以替代原来圆明园的宫廷区职能，提升了东宫门地区在园林中的地位，也使得东宫门成为大家认可的主要入口。如此这般，重建后的北宫门亦成为后来改动较少、保留历史信息较多的一栋建筑。从前一段的测绘结果看，在北宫门的上层梁架里，曾发现东西两侧踩步金木构做法的不同。

在三队食堂的里间吃过中饭，众人乘坐颐和园派出的一辆面包车来到北宫门北侧的广场，我们很想听听甄师傅对北宫门和这种工程做法的议论。

在北宫门的二层平台上，甄师傅说："北宫门的作业（指工程做法等）符合古典工程则例，是比较标准的一栋房子。"至于东西两侧采步金做法的不同，他评论说："（踩步金）一块整木的做法应该属于清式营造的标准做法，而用两块木头做出一块木头的厚度应该是当时缺少大木、整木的原因，说明光绪重修颐和园时财力已大不如前。"

后溪河的船坞

离开两层、五开间的北宫门，随甄师傅等人顺着北宫门南侧的小路向东走，走进一个沿东西线展开的院子，原来这里是颐和园另一个维修队（五队）所在地，并不对外开放；其东端有溪流与后溪河相通，在清漪园时期，这里是停泊游湖船只的所在地，当时称作后溪河船坞。颐和园的另一个船坞被称为北船坞，建在后溪河与昆明湖交界处的半岛上，半岛的西北角有石桥称作"半壁桥"。

后溪河船坞遗址。

　　在经营和规划整个颐和园的水系中，乾隆皇帝的思想是"山阳放舟山阴泊舟"，当时的北船坞没有现在的规模大，部分船只会停泊到后溪河的船坞中来。如果从造园的角度欣赏，后溪河一段的水系以及两岸的点景建筑都很精彩。

　　"所谓'后湖'（后溪河），其实是沿着万寿山北麓开凿出来的河道，全长一千米。它的北岸紧逼北宫墙，地势局促。因此，以挖河的土方沿着北岸堆垒为冈阜起伏的土山，把宫墙掩蔽住，使游人看去，一带青山之外，似乎还有无限的空间。这些冈阜的走势又与南岸的天然坡脚呼应起来，从水面上看出去，颇有'两岸夹青山，一江流碧玉'的意趣。"①

　　在清漪园时期，如果乘小船游览后湖，可由前湖经过半壁桥进入后湖。这一段的后湖显得还算开阔，然后逐渐收缩，形成一段较窄的峡口，护卫峡口的有两栋点景建筑，位于北岸的为"倚

---

① 周维权，《园林、风景、建筑》，百花文艺出版社，2006年1月第1版，第222页。

望轩"，位于南岸的为"看云起时"建筑组团。过了峡口以后又是一块相对开阔的水面，水面与南岸的后山山溪相连；小船如果继续向东行驶，可以经过一段曲折狭窄的水道，这时在南北两岸除了买卖街上的建筑，在北岸高处又安置了一个点景建筑——妙觉寺。

有专家指出："妙觉寺之建，并非宗教需要，只是一处极妙的景点。由于庙小寺孤，建于高十米左右的土山之上，由湖面舟中仰视，好像是寒山野寺，颇具画意，也扩大了山湖空间。"[①]

如果乘船经过买卖街西段，穿过正对北宫门的三孔石桥——"长桥"，即来到买卖街东端，在后溪河向南转折的部分，又可以看到刚才那种"小中见大"的手法：这时可以在视线中同时看到两座石桥，一座是水系东侧的单拱石桥，一座是架在高出湖面九米山沟之上的石桥，从湖面仰望，高处的小桥如在云端。造园手法之妙，令人惊叹。

经过买卖街的东侧小桥，小船就可以沿水道向北行驶进入当时的船坞了。

现在由于买卖街修建，在东西两侧的水面上增加了临时性护栏，游船已经无法进入到买卖街以东水域了。

当我们随着甄师傅找寻船坞时，发现支撑船坞柱子的石制柱础还在，但四周的维护结构以及屋顶早已不见踪影，如果不是老师傅指点，我们也很难发现这些柱础。

---

① 刘若晏，《颐和园》，国际文化出版公司，1996 年 10 月第 1 版，第 91 页。

右：位于鉴远堂建筑群中部的澹会轩北侧。

左：鉴远堂建筑群北侧的月波楼。

"这栋建筑是 1984 年拆毁的，拆下的旧料拿去修建后山上的四大部洲了；当时是又想干事又没钱，拆东墙补西墙，只能采用这种办法。"老师傅很无奈地说。

在现场又议论了一会儿当时木板桥的位置，其搭建木桥横梁的石槽还依稀可见。现在的石桥是拆掉船坞以后修建的。

南湖岛上的鉴远堂

南湖岛是位于昆明湖中的一个小岛，也是改建昆明湖的历史记录。在湖面未被扩展时，这里就建有龙王庙，在修建清漪园时，为了扩大水面，湖岸向东移动，这块土地因建有庙宇被保留下来，形成了现在的南湖岛。

南湖岛上的建筑主要包括建于北侧的涵虚堂，建于东南角的龙王庙和与龙王庙并列的两组院落。涵虚堂和龙王庙面向游人开放，其他建筑则很难进入参观；这次测绘点中就包含这两组不对外开放的建筑，由于有学生在这里测绘，一行人也来这里看看。

由正对涵虚堂高台下的角门先进到一个小跨院，转折向西则来到中部院落的后院。在这个方形院落中，北侧的主体建筑为两层的五开间建筑，名为"月波楼"。院落南侧的建筑为澹会轩，澹会轩的北侧搭有一个紫藤架，使得小院显得郁郁葱葱，很是幽静。目前月波楼的室内正在维修；维修前，一家德国公司曾租用这个小院办公，为了提高底层建筑的层高，一度换下地面上的地砖而直接铺设地毯。现在园方计划把地面恢复到原有面貌，一些工人正在准备铺设传统的灰黑色青砖。

穿过小院西侧的月洞门是一条南北设置的备弄。

西侧还有一个院落只有南北两侧有一层的房子，从室内设置的现代化卫生设施上可以看出被后人改动过的痕迹。

从备弄中绕过一段游廊可来到澹会轩的前院，这里临湖的建筑为五开间的鉴远堂，是凸出于湖岸的一栋临水建筑，里面至今还保留着原有的装修构件，一些红木雕饰的隔扇，但家具等已不见踪影。院落的东西两侧用半廊所围合，东侧有一个垂花门通向龙王庙前的小广场，也许这里是进入这组建筑的正式出入口。

在清漪园时期，皇太后住在东堤以东的畅春园，弘历向母亲请安后，有时就近到这里吃饭或处理政务；乾隆皇帝对这里很有感情，在御制诗里保留着 22 首以鉴远堂命名的诗稿，其中写于乾隆五十四年的《鉴远堂口号》记录了这段历史。

灵祠侧畔有书堂，视事传餐憩所常。

岂为临波赏烟景，驿章望远正焦忙。

前院里的梧桐树已经长得很高大，投下的阴影覆盖住大部分地面。由于现在三个小院都无人使用，显得很寂静，偶尔会看到一两个我们学生的活动身影。

也许是为了保留一种幽静的气氛，中轴线上的前两栋建筑屋顶都使用了铺设灰瓦的卷棚顶，后面的月波楼尽管采用了歇山顶，但同样铺设灰瓦。

甄师傅对这些建筑很熟悉，给我们讲解了一些山墙头的做法、"软胎"和"硬胎"的区别等。

晚上躺在住地的床上，翻看身边带的闲书《晚清宫廷生活见闻》，又找到一些与藻鉴堂有关的掌故。

慈禧太后在戊戌政变失败后，立端王载漪的第二子溥儁为大阿哥，是准备废掉光绪以后，让他继承同治皇帝为帝，从辈分上好听一点。

颐和园时期，一度被封为太子的"大阿哥"溥儁曾被安排在藻鉴堂里读书。①

但这位"大阿哥"并不是一块读书的材料，据给大阿哥当过老师的崇绮后来回忆："溥儁自光绪二十三（应为二十四年）年被嗣为同治皇帝的皇子后，每日总是与宫监们玩耍，常常用泥捏成

---

① 毓运口述，罗恒年记《废黜出宫以后的大阿哥》，刊于《晚清宫廷生活见闻》，文史资料出版社，1982 年 9 月第 1 版，第 107—113 页。

左：由鉴远堂小院通往广润祠的大门。

右：在鉴远堂建筑群中测绘的同学。

许多小人，并给这些小人起名为李鸿章、庆王（奕劻）等，然后命太监用绳子绑起来，砍去头颅。"

慈禧太后看他不是做帝王的材料，加之"大阿哥"的父亲端王于光绪二十六年在支持"以义和团灭洋人"的活动中获罪，被"发往新疆，永远监禁"；次年慈禧太后即下诏把大阿哥"废黜出宫"，取消了他的太子资格。

据说废掉溥儁"大阿哥"资格的主要原因，是在八国联军入侵北京后，与慈禧太后和光绪皇帝一路西逃及居住西安的一年间，这位大阿哥多有不遵"礼法"的地方，最后到了皇帝和太后都无法忍受的地步，其主要恶行有以下两点：

首先是强迫太监带他去声色场所；其二，乘皇后用膳时，拔掉皇后头上的簪子以为乐事，此事被光绪皇帝所见，随即禀明太后，太后知道后曾杖责溥儁（此事尽管无理，还可以以"年幼无知"解释）；想不到这位大阿哥迁怒于光绪皇帝，当面对皇帝说："汝知帝位之将属于我耶？而犹岸然自大若此！"（《清鉴·卷下》）尽管当时的光绪皇帝已无实权，但名义上仍是一国之君，君臣礼法仍在，如果当时的记录属实，可见其狂悖之态。

民国建立以后的最初几年，溥儁曾以当过"大阿哥"的牌子在民国政府的几届总统府当个挂名参议，领取些薪酬，但也由此养成了吃喝玩乐、挥霍无度的恶习。民国十三年，清室各王府的土地被变相没收后，溥隽的挂名参议也被取消，从而生活失去经济来源；随后数年，由于溥隽没有技能养家，只得过投亲靠友的生活，最后积忧成疾，死在妻子的亲戚家。

后来看到原故宫博物院院长单士元在民国年间对溥隽的一段采访记录，描述了生活困顿以后的溥隽每天无所事事的无聊状态。从其身上已经完全看不出此人曾经受过的宫廷教育和曾经的显赫身世。

17

后溪河，苏州街

（2006 年 7 月 26 日，周三，阴）

早晨起来，想起昨天甄师傅在北宫门城楼上曾对上世纪 80 年代末开始恢复的后溪河上苏州街有过一段评论："只有北宫门石桥西侧的南岸建筑恢复得最像。……由于后面的工程要赶工期，许多建筑的工程质量未如人意；在传统活计中，建筑结构（木结构）完成后应该有一段时间晾晒，然后刷油漆，要等油漆完全干了以后再绘彩画。而后来有些工程不按这个时间办事，木架未经晾晒就刷油漆，随后不久就在上面绘彩画，工期是赶出来了，当时也很好看，等过一段时间，木材里的水汽往外顶，油漆开始起泡或起皮，造成外层的彩画慢慢脱落……这也是现在许多工程交活不久就得维修的主要原因。"于是决定今天再去后溪河看看。

实际上，后溪河完全是为了配合治理西湖水面而人工开挖的一条人工河道：

"——更于湖的西北端将水面沿着万寿山西麓往北延伸，再兜转而东，然后沿山的北麓开凿'后湖'，构成山嵌水抱的形势。万寿山仿佛托出于水面的一座岛山，山与湖遂完全联署而成为一个整体。"①

目前，经过恢复建设的苏州街东起后山寅辉城关的北侧，西至通云城关的南侧，全长三百余米，建成的仿清式商业建筑有三千多平方米，以北宫门正对的长桥为界，分为东西两段，为一河两街的街道格局。

这条被称作苏州街的买卖街，建于乾隆二十八年以后。乾隆皇帝曾经数下江南游览，对于苏州城以河为街、河边店铺鳞次栉比的建筑特点很感兴趣，而当清漪园初具规模后，由于后溪河的南北两岸之上道路平面与河面的落差较大，如果在河面上乘船游览，会觉得两岸景物空虚，所以决定在后溪河两岸建成一条买卖街，

---

① 周维权，《略谈颐和园的园林艺术》，刊于周维权著《园林、风景、建筑》，百花文艺出版社，2006年1月第1版，第214页。

颐和园测绘笔记

在提升河道两侧建筑景观的同时，也向皇室成员提供一处领略市井生活的真实环境。

清漪园时期，除了这条后溪河买卖街，还有一条西宫门买卖街或西所买卖街，位于石舫以北直到宿云檐城关的湖岸之上，与后溪河买卖街一河两街的形式不同，这里采用了一河一街的布置。慈禧重修颐和园时，没有恢复西所买卖街，而是改建成现在的布局形式：在临河一面，只建有曲尺形的临河殿，在万寿山的东侧山脚下，傍山建有一排建筑，有两层的延清赏楼和一层的斜门殿、穿堂殿等，但难以形成以街道空间为骨架，以两侧店面为界面的传统商业格局。

查阅保留下来的样式雷图档，有关后溪河买卖街的平面布局、建筑样式等很少，而涉及西所买卖街的资料却有几张，如西所买卖街地盘图、西宫门内外各处殿座房间等画样，现在人们只能从图中推想清漪园时期这里的繁华热闹了。

据记载，清漪园时期的后溪河买卖街，在河街的南北两岸共建有铺面房二百多间，店铺中出售的商品有：古玩、文房四宝、烟叶、茶叶、绸缎等，店铺中的商人、伙计由太监装扮，逛商店的妇女等由宫女装扮，给清漪园的后山一带带来丝丝的江南气息。

建于清漪园时期的买卖街建筑毁于 1860 年，慈禧太后重修颐和园时并未恢复后溪河两岸的商业建筑，但对后溪河的河道曾进行疏浚。原来，买卖街建筑被大火焚毁后，造成两岸树木、植被的破坏，也带来一些地段因山体滑坡导致的河道淤塞。目前保留下来的样式雷图档中包括《万寿山后河桶泊岸码头桥等工程丈尺做法》、《颐和园后山挖河尺寸平样》等，表明在光绪年间，样式雷等营建部门曾经对后溪河做过大量的调查工作，同时清理了一些不畅地段的河道，这些原始档案也成为后来修复苏州街的可靠依据。

尽管慈禧太后不打算恢复买卖街建筑，但是仍然想在后溪河两岸建一些点景建筑，已经让样式房做出《颐和园万寿山内后山长河添建点景房间游廊等图样》的设计方案，后来因为种种原因，这个方案也未能实现。

早饭后，带着相机和速写本从住处先奔向琉璃塔方向，然后沿着琉璃塔附近的小路转到后山山脚的小路，经过寅辉城关西侧的小桥，来到可以俯视苏州街东段（1991年重建）建筑群的山路上。

从这个角度得到的建筑群俯视画面，是苏州街空间层次最丰富的一片，由于这一段河面被有意放宽，形成一种近似湖面的感觉，加之在水面北侧增添了一块人工岛和两座小桥，丰富了原来一河两街的空间层次，打破了完全是线性空间的单调感。另外，这段东西走向的河道在寅辉城关之下向南有一小段转折，这样如果你站在长桥上由西向东望，就会产生一种近似封闭空间的错觉。

为了近距离体会苏州街上的建筑和空间气氛，我从长桥北端的台阶下到商业街的北侧街道中，这个平面更接近后溪河水面，再看长桥桥体，已经是一种仰视的视角。

明清时期的传统商业街，为了取得丰富的空间效果，设计时往往采取可重复的开间尺度，这样无论一家店铺有几间店面，这

右：由长桥上俯视苏州街东段。

左：在苏州街东段仰望寅辉城关与单拱石桥，空间层次丰富。

几间店面与其他店面会有何不同，对整体街道而言，都可以得到一种相对统一、协调的空间效果。

由于后溪河的水面宽度和沿岸上的建筑用地有限，使得建在河道两侧的建筑采取了一种"小中见大"的设计手法，具体来说就是缩小单体建筑尺度，从而在有限的地块里布置更多的房子，形成一种建筑群的空间气氛。一般传统商业的店面开间多在3.3—3.6米之间，而用步测法简单测量这里的店面开间只有2.3米或2.6米，比一般的铺面房开间小了四分之一左右。一家店铺所占立面宽度为三开间至五开间不等。

由于河岸两侧的用地有限，设计师在缩小建筑开间的同时，也缩小了店面内部的进深（内部进深仅为2.3—2.6米），同时缩减了店铺前面河街的宽度。在河街上行走，感觉这里的街道宽度多控制在三米以内，有些地段更狭窄些；在上午经营时间，随着店铺店门的依次打开，街道空间会向室内扩展。但当我走进几家店铺后发现，室内柜台前的回旋空间很小，也就能站个三五人。

目前经营比较好的项目是有北京地方特色的工艺品店和出售折扇的南纸店等。

中国的传统建筑是靠建筑群体的效果取胜的。这里，设计师就可以把缩小了规模和尺寸的单体建筑摆放在有限的用地上，从而形成一种热闹的商业气氛。

　　而这里的单体建筑多模仿清代民间的典型商铺风格，无论是楼店还是平房，立面上都采用青砖白墙、红褐色门窗；比较有特点的一种单层店面设计是在店面屋檐之上还设有与下面开间数相同的牌坊柱和柱间格栅，格栅的中央部分镶嵌有店铺的名称和经营项目，后一种设计手法是清朝到民国时期北京城内店铺的常见手法，这种店面处理手法被梁思成先生称为"拍子房"。

　　由于后溪河的河道不宽，无论是拍摄对岸的建筑还是沿河建筑都可以取得不错的效果。后来在人工岛东岸发现一栋具有江南风格的五开间楼式建筑，目前作茶馆使用，建筑所在位置和造型都很入画。

　　在后溪河南岸向对岸取景，中景可以拍到人工岛东端的二层茶楼和联系两者的石拱桥，远景是山坡上的茂盛树木。挂在茶楼檐角和檐梁上的各种灯幌给茶楼增添了很多细节。建筑风格主要模仿苏州民居，连接茶楼上下的楼梯都不封闭，直接对外开敞，人们可以从街道直接上楼休息。

　　有一年4月份来颐和园，曾在人工岛的北侧水面下方看到许多荷花缸，得知这里的荷花不是生长在河床上，而是人工栽培的结果。现在再来找寻那些荷花，连水下的荷花缸都已不见踪影，也许是"人去政息"，当初的养荷人离职了吧，或是这里真的不适合栽培荷花。

　　当小街上的游人见多、拍照也有点累了时，就躲到茶楼上休息。与我座位相隔不远处有两位老人也在喝茶聊天，一会儿，只听得

一位老人用手指在桌上敲出西皮二六调的鼓点，另一位老者低声唱出：

"我正在城楼观山（呐）景，耳听得城外乱纷纷。旌旗招展空翻影，却原来是司马（阿）发来的兵。我曾经差人去打听，打听得司马领军往西行……"

老者这段马派唱腔有板有眼，很有韵味。

隔着楼上柱间的美人靠可以顺着后溪河看到长桥的桥身和桥洞，可以隐隐地看到远处的玉泉山。据说，颐和园方面还会在每年的春节期间在这一带举办"夜市"等活动。

游览完苏州街东段的建筑又转到长桥的西段，观察昨天甄师傅介绍的后溪河南岸建筑。

后溪河南岸的这段建筑是 1987 年以后修复的，是复建苏州街的开始。后来看到一张介绍颐和园的导游图，其中介绍的复建后买卖街也是指这一段，照片中的河道北侧还是复建前的自然状态，只能看到沿岸的石板路和一些掺杂着石块的树木。

后来看到主持修复买卖街设计的清华大学教授徐伯安先生写的文章，得知修复工程共分四期完成，历时四年，从 1987 年 5 月动工至 1990 年 5 月 31 日完工，同年 9 月 15 日正式对外开放。

因为这段建筑中没有吸引我的店铺，只在长桥上和河的北岸选取几个角度拍照，感觉这段建筑的内部进深更小，也就在三米左右，从河道对面看，也是只适合做远距离观赏，而不适合做体验式游览。这种店面设计倒是符合设计师对这段街道的认识："在这块特定地段里，从湖岸到后山坡挡土墙之间最宽处也不过四米左右，窄的地方还不到一米，根本不可能做纵深的铺陈，它只能是个街样子，地道的表面文章。"

离开这片区域之前，又对北宫门的设计和现状详细地看了看。

晚上休息前，继续翻看徐教授写的设计心得[①]：

在这项设计中我一方面根据遗址，一方面参照明清商业街建筑形式，传统商业街特有的风貌，颐和园内园林建筑的特点，以及我对后山、后湖一带（乃至前山、前湖）环境的认识，尽量做到使之接近乾隆时期原有街区的情趣（或神韵），我以为在这类设计中头等重要的是把握住它的"神里"，而不是它的"形貌"。

"苏州街"设计资料不全，"原样"寻查不到，从某种意义上说是件好事，它促使我放弃了对"原样"的追求，而一心一意去寻求把握它的神里。

[①] 徐伯安，《颐和园后湖"苏州街"重建工程建筑设计——工作札记之一》，《古建筑园林技术》，1992 年第 2 期。

18

十七孔桥,
玉带桥,景福阁

（2006 年 7 月 27 日，周四，多云转雷阵雨）

　　匆匆地吃完早饭就赶到十七孔桥旁的"大亭子"——廓如亭，想了解在这里工作的师生如何在水面上测量十七孔桥的拱券，到达后才想起小曹他们还在食堂吃早饭。只好坐在亭子里等。

　　廓如亭设立于乾隆时期，由于当时东堤附近没有围墙，坐在亭中可以很惬意地观赏到四周的风景，故名"廓如"。据调查，廓如亭的面积达 130 多平米，是国内同类建筑中面积最大的。为了用木材支撑起这个巨大的重檐屋顶，内部采用了"筒中筒"式结构，内部两层每圈各采用 8 根立柱，最外层采用了 32 根立柱，很好地解决了建筑的稳定性问题。

　　也正是由于这个巨大体量才能与十七孔桥的体量相配合，使

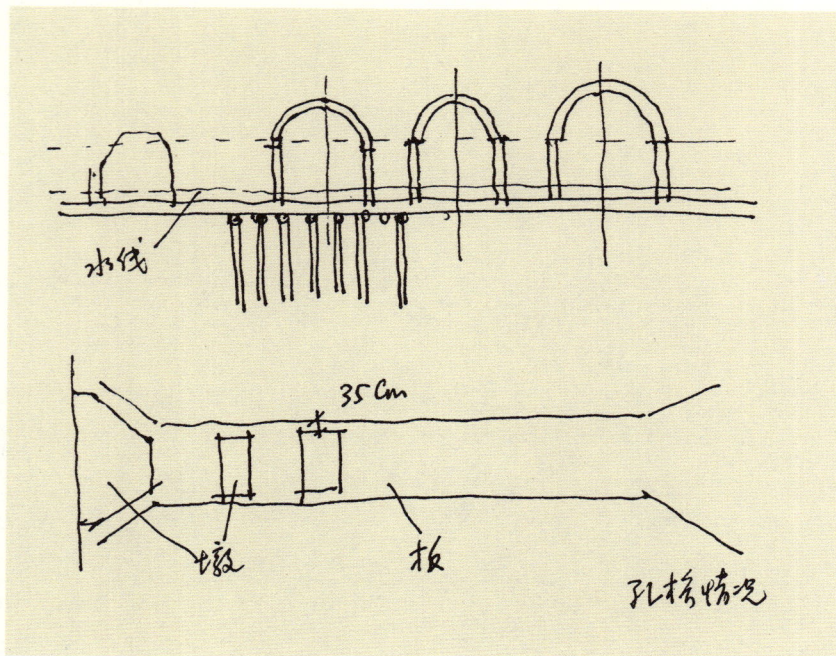

作者绘十七孔桥的桥基草图。

水线

35 Cm

墩　　　板

孔桥情况

人们在万寿山景福阁的平台上都可以看到。

这两天天气一直不好，昨晚又下过一阵小雨，从早起到现在还没有看到太阳；在阴沉的天气下，天空和湖水都显得灰蒙蒙的，尽管这里离湖心岛（龙王岛）不远，但岛上的建筑也只能分辨个大概轮廓。由于这里正好位于昆明湖的东南角和西北角的对角线上，由西北角刮来的风，经过湖面的放大，到这里已很强劲，吹到身上会感到阵阵发冷。

在廊如亭里碰到两位过来测绘的天津学生，一人说："原来以为北京这几天是桑拿天，会热得不行，随身带的都是单衣，哪知道这几天这么冷！在亭子外测量一会儿就冷得躲进来。"另一位说："亭子里面也够冷的，比外面好不了多少；主要是这地方无遮无拦的，处在风口上。"

左：昆明湖里的十七孔桥成为测量对象。
右：水上测量时的工作照。

过一会儿，小曹和小丁老师各自开了一条小汽船来，其中的一条船上放着测量用的梯子等工具。

聊天后知道，他们都已下过桥墩的下方，并向我介绍说："桥墩下面是一整块石板，石板下面是打进湖底的柏木桩。这里看着和其他地方没有区别，实际水面下方一米左右就是石板；别害怕，就是掉进水里也淹不死。"

带过这么多次测绘，在水面上搞测绘还是第一次。先坐在小曹开的船上看他们挑杆拉尺寸，趁机拍照数张。

对于在湖岸附近的建筑和驳岸的基础上使用柏木桩，保留下来的清宫档案中曾有记载，后来看到乾隆时期的内务府奏销册，有"乾隆三十六年十二月十六日，奏销河道工程钱粮折"，其中提到：

"……归陇豆渣石河驳岸一处，凑长一九六丈；驳岸背后拆墁城砖散水，刨打灰土一步。以上挑换木植，添补石料，砖场面，地脚刨槽，下丁。筑打灰土，并油饰栏杆等项，销算工料银二二七八两五钱六分。"[1] 这里的"下丁"指下到水里的柏木钉。

这种柏木钉具有百年不腐的特点，能够有效地加固驳岸，保

---

① 转引《内务府奏销册》文档，王劲韬，《中国皇家园林叠山理论与技法》，中国建筑工业出版社，2011年1月第1版，第332页。

证堤坝和上面建筑的安全。查阅相关资料，在颐和园的西堤和原来好山园的遗址上，均发现有这种工程做法。

在桥下看他们补测了几个尺寸后，小曹要去佛香阁下面的大牌楼码头，把梯子拿给还在转轮藏测绘的学生。随他和机动船一起到排云殿码头，开始以为小曹还会把船开回来，到那儿以后看到小曹也随接梯子的学生上了岸才有点着急；原来他是要把这条船留给我去开，看我有点犹豫就安慰我说："这种船好开，一给油就走，还有手闸和方向盘管转弯和停靠；你看湖上的船也不多，想去哪儿就去哪儿。"分手前还告诉了一个去知春亭码头还船的时间。

硬着头皮把船开出码头，操作起来倒不像想象的那般困难，一会儿也就自如了。有了船就可以与景物拉开距离拍照，每到合适的距离和角度就可以先把船停下来，然后从容地对焦、拍照。

在鱼藻轩附近的水面上拍完万寿山的侧影，就把船开到西堤的西端，从水面上拍摄玉带桥；如果从陆地上走过来，由文昌阁到玉带桥少说也得走半个多小时。

如果从佛香阁的高台往下俯瞰，在偌大的湖面上，十七孔桥和龙王岛可以看作是对湖面东南部的点缀和分隔，而从玉带桥开始的西堤则起到分隔昆明湖与养水湖、西湖水面的作用，具有增加湖面层次和景深的艺术效果。

在筹建和规划清漪园时期，从乾隆十六年开始命名清漪园到工程告竣一共用了13年时间；时间上的一个重合点是，从乾隆十六年开始，弘历皇帝开始了他的第一次南巡，从目前保留下来的、具有写实风格的"南巡记道图"长卷看，当时的行进路线基本是沿着大运河由北向南行进，途经北方的德州、藤县，南方的扬州、常州、苏州等市镇。奇怪的是他最后抵达的杭州和绍兴未在宫廷画家徐扬所作的画卷中出现。但从现在留存下来的史料看，江南烟雨的迷离、苏杭园林的雅致都给皇帝留下了深刻印象，"江南情结"不时地出现在清朝中期以后皇宫的装饰上和皇家园林里。无论是故宫里的倦勤斋还是避暑山庄里的狮子林、清漪园里的惠山园，其室内装饰和园林风格都有模仿江南的痕迹。

为了仿照杭州西湖内的苏堤，弘历皇帝在昆明湖里也修建了一条西堤，并在一首题咏《玉带桥》诗里表达了对江南的不舍情怀：

> 长堤虽不姓髯苏，玉带依然桥样摹。
> 荡桨过来忽失笑，笑斯着相学西湖。

与杭州苏堤的不同之处在于，杭州西湖上的苏堤为了行人出行方便多使用平桥，而颐和园西堤为了园林点景和障景的需要，西堤六桥多设置拱桥，并在桥上加亭榭而形成廊桥。这里比较特殊的是位于西堤头尾的玉带桥和绣漪桥，两者都因为在桥身上使用高拱而著称，只是绣漪桥比玉带桥的尺寸略小。

原来游览颐和园西堤，总是在陆地上行走，当走到玉带桥时会感到眼前的桥面陡然升起，大概有45度的样子，需要提上一口气才能跑上桥顶。现在乘船来到这座桥附近，从水面上仰视桥的立面和桥洞，会愈发觉得桥洞的高大、幽深，后来查阅相关资料得知，玉带桥的跨径有 12 米，矢高有 8 米左右。在一边的桥洞两侧装饰有竖向对联，写有：螺黛一痕平铺明月，虹光百尺横印水帘。描绘了桥面的拱形倒影落入湖面后的清幽景色。

清漪园时期，玉带桥和绣漪桥除了具有园林的点景功能外，还具有一定的实际交通功能。当年的皇室成员来玉泉山和香山礼佛多走水路，他们先在西直门外登龙舟经长河后进绣漪桥，而后入昆明湖，再经由玉带桥进玉河水道至玉泉山。桥体下面高大的洞口可以方便皇家的龙船顺利通过。

从相关记载看，玉带桥桥体建于清漪园早期（乾隆十五年），加之高宗弘历经常在此桥下经过，对此桥较有感情，在《乾隆皇帝咏万寿山风景诗》中收录有从乾隆三十二年至六十九年间写的七首题咏玉带桥的诗。

近年又看到宫廷画师徐扬画的一幅《玉带桥诗意图卷》，描述的也是玉带桥一带的春季景物，上面录制的御制诗并未收录在上面提到的诗集中。这幅画也成为描绘清漪园时期景物的真实记录，也是目前所能看到的较少几幅描绘清漪园景物的画作。在手卷的空白处有一首题画诗，题为"御制玉带桥诗"：

垂之则有卧波中，衔绶维鱼幻岂虹。

歌咏湖山此生惯，威仪青紫若人工。

光通潋滟原规月，势委飘萧不碍风。

本是印公留下物，而今还复属苏公。

尽管书法由大臣汪由敦题写，但从画面上的钤印看（有石渠宝笈、宝笈三编、乾隆御览之宝、嘉庆御览之宝等），此画一直被宫廷内府所收藏和珍视。

在目前保留下来的宫廷绘画中，很多是以清朝初年建成的皇家御园为主题，画家往往采取"画配诗"的形式以皇帝推崇的景点作画，如承德避暑山庄三十六景题咏、圆明园四十景题咏等。而面对乾隆主持规划的清漪园，这位皇帝留下了众多的、歌咏景点的御制诗，却没有将景点浓缩成三十六景或四十景，也极少看到当时宫廷画家的写实性作品。这种景点图尽管不是完全的写实性作品，却可以向我们提供一种当时的建筑概观，而这种图像性作品是文字和工程图所无法替代的。

有些研究颐和园的学者也许会发问：弘历皇帝为什么没有组织画师绘制清漪园二十景或四十景呢？还是我们至今没有见到呢？

上次在玉带桥下拍照是一个星期前，与带队测绘仁寿殿小组的其他三位老师一起划着小船来的。当时在桥下互相拍照，转换位置时有人险些落水，现在回想还是觉得很惊险。

从玉带桥往十七孔桥行驶，一路上可以眺望西堤景色，只是因为船速较快，没有在手摇船上看的真切。开到十七孔桥下面时已经找不到留在这里测量的另一条船，只好沿着龙王岛转了一圈，在十七孔桥的码头附近看到两个也来测绘的研究生，接他们上船后一起去知春亭码头还船。

在码头附近遇到也来还船的小丁老师，依次还船后，一同由码头上岸，然后去颐和园食堂吃饭。

午饭后又下了一场暴雨。

雨停后随小丁老师先去看花承阁遗址的测量情况。翻过东部的山梁抵达现场，刚用三米的钢卷尺拉了一个数据，卷尺就无法收回到卷尺盒中，小丁等只好坐在石阶上研究卷尺的构造，大家七嘴八舌、动口动手，商议着修理卷尺的办法。

听说现在有一组同学正在测量万寿山东侧山坡上的景福阁，看到他们一时也无法开展工作，就往花承阁的东部走，这也是返回住地的路径之一。

现在的景福阁为一栋单层建筑，远处看很像是几个大亭子摆放、叠合在一起，实际上是一个平面呈十字形的明堂式建筑，为了加大建筑的进深，上面以三个卷棚屋顶相连。阁的南侧为敞厅，北侧为抱厦。由于建筑位于万寿山东侧的山顶上，向南有极好的湖景。在清末，慈禧太后曾在这里听雨赏月，招待外国使臣。现在，建筑内部常年关闭，外面的抱厦和敞厅里则有些附近居民在锻炼和清唱，清唱的声音可以在很远的地方听到。

现在的建筑是 1892 年在原来昙花阁的遗址上修建的，清漪园时的昙花阁毁于 1860 年的英法联军之手。后来在《中华遗产》上发现一张黑白照片，标题为"圆明园烧毁当天的一张照片"，为古建前辈罗哲文撰文和供图（照片现藏美国埃塞克斯博物馆），由于照片上的英文标注为"烧毁之前的伟大的帝王宫殿圆明园"字样，将罗先生引入误区并感到："我曾查考了圆明园现有的图像资料，

上：样式雷图档，昙花阁改修单层檐图样，现藏北京国家图书馆。（来源：BLAD传媒《建筑创作》杂志社，《留下中国建筑的精魂》，天津大学出版社。

下：1860年被烧毁前的昙花阁影像（现藏美国埃塞克斯博物馆）。

尚未找出这一建筑的位置，因为尚无焚毁前准确的平面图纸。"[1] 实际上，从台基中显示的六角星形平面中，比对样式雷所绘图档，就可以判定这是当时清漪园中的昙花阁影像，也成为极少的对清漪园时期建筑的记录。

———————————

[1]《中华遗产》总第13期，"镜头"部分。

上：景福阁东侧外观。

下：景福阁南侧敞厅，当年为慈禧听雨赏月的地方。

原来的昙花阁是一座平面为五边形的三层楼阁式建筑，在乾隆时期因礼佛而修建。据称，优昙花是产于西藏喜马拉雅山上的一种植物，高可丈余，在佛经上象征灵瑞。在目前保留下来的样式雷图档中有四张图纸涉及昙花阁遗址和改修的景福阁。

这些图纸依次为：颐和园内昙花阁一座改修单层檐图样、颐和园内昙花阁地盘平样、颐和园景福阁添修看守房图、颐和园内景福阁值房平样。

随着一些遛早儿居民的散去，景福阁附近显得很安静。

先在南侧抱厦里看到几名女生在梯子上测量，留意到屋顶平基和梁坊上的彩画都保存得很好，可以找机会再来细看。进入大门以后，过了一阵，眼睛才适应室内比较昏暗的光线，在室内一角发现一位忙着画测稿的男同学；四处走动时感到地面上的灰土很厚，应该是许久没有人在里面活动了。

殿内基本保留了清末的装修格局和室内分隔：除了供多人活动的大空间外，还有几个隔开的小空间，推想一下，该是样式雷图档中提到的供看守人员居住的"值房"吧。

在室内东墙下摆着一个按比例制作的、木制的万寿山后山景物的大模型，模型中将花承阁遗址上的原有建筑都复原出来，看起来很亲切。只是上面落着很厚的尘土，像盖了一层火山灰。为了拍照，只好找一张废报纸将模型上的灰土简单清理一下，只是由于室内光线过暗，冲洗后看到拍摄的效果并不理想。

询问室内的男生，问他是否知道模型是哪个单位做的，为什么留在这里。他一脸茫然地回答："不知道。"

19

介寿堂、
听鹂馆、
画中游

（2006 年 7 月 28 日，周五，晴）

清漪园时期，现在排云殿和其东侧的介寿堂都不存在，当时这一组建筑群均为宗教类建筑，名为：大雄宝殿和慈福楼。有供皇太后（乾隆母亲）礼佛的功能。这组建筑毁于 1860 年英法联军的大火，在 1885 年以后的复建中，慈禧太后根据新的需要，将佛香阁下面的主要建筑改为民用建筑，其中包括佛香阁下面的两进院落改成供百官朝贺用的排云殿和德辉殿，在慈福楼的基址上修建了两进院落改称介寿堂，供慈禧休息之用。

位于排云殿东侧的介寿堂为一组灰瓦顶的两进院落，平时因不对外开放而很难进入；这次因为有学生在里面测绘，才得以一探究竟。

上：排云殿东侧的建筑群介寿堂，重修颐和园时改为慈禧寝宫，上世纪30年代溥心畬借住此地。

中：介寿堂第一进院落，院中有形如『介字』的古柏。

下：介寿堂第二进院落，北房正厅内保留着部分红木家具。

这里朝向昆明湖的大门时常紧闭，要想进到内部，必须先沿着一条分隔排云殿与介寿堂两个院落的甬道由南端走到北端，然后通过角门先进到靠北的院落：院落呈扁长形，东西宽，南北窄，位于中轴线正中的五间北房呈凸字，前有檐廊，当是这组建筑的实际中心。围合四合院的东西配房各三间，也有防雨的檐廊，院中两棵高大的雪松长得枝繁叶茂，依然生机勃勃。

可从西侧过廊走到前院，也就是靠近湖岸的院子。

这个院子由于南北方向较长显得比北院宽敞，院中的东侧和南侧为游廊，仅在西侧和北侧建有房屋，北侧的正房曾做客厅和书房使用，至今内部还保留着一些室内陈设，包括条案、八仙桌、几凳等，从做工和材质看，当为清末遗留下来的旧物。

有几棵古柏依然挺立在院落中，其中的两棵古柏主干在中部相"搭接"，远处看犹如"介字"，据说这也是这组建筑被称为介寿堂的原因。

目前有些颐和园的工作人员在院子两侧的建筑里活动，或开会或办公，看来是作为园内内部办公在使用。后来了解，这里也是颐和园研究会的所在地。

民国时的 1930 年代，恭亲王奕䜣的儿子溥滢育有二子，长子溥伟，二子溥儒（字心畬）。溥伟袭爵成为小恭亲王，热心于"恢复祖业"，后来卖掉城内的恭王府房产和内部珍玩以筹措军饷；二子溥儒无心政治，在日本人占领北平时期曾借住在颐和园介寿堂内十年。时近中年的"旧王孙"溥儒在这里读书、作画、写诗，靠手中画笔支撑身边人的生计，以诗文记录着他的"亡国之痛"。

在民国政府承认的"清室优待条例"中，一项重要内容是清朝皇帝让出政权以后，颐和园依然划归清皇室所有，当时也有逊帝溥仪搬离皇宫后迁居到这里的设想。由于后来军阀混战，民国政府的首脑频繁更换，"清室优待条例"并没有执行下去，由此发生了1924年11月溥仪被冯玉祥手下的将领"逼宫"，匆匆离开紫禁城的事件。实际上，这时的军政府已经无法容忍溥仪搬到颐和园，他只能先借住在老家醇王府，随后躲避到天津的张园和静园，再后来在日本人的扶持和控制下，去长春做了伪满洲国的傀儡皇帝。

面对清室的退位诏书，清宗室内也有很大争议，肃亲王（善耆）和小恭亲王（溥伟）等一干人并不甘心就这样退出历史舞台，他们先是通过组织宗社党，后是筹措私人武装，企图想恢复祖业。尽管面对"气数已尽"的大清王朝，这种努力看似徒劳，但他们却是很认真地去实施着一些举措。也正是在这种背景下，溥伟（溥儒的哥哥）将恭王府连同里面的古董分别出售给北京城里的教会和一些外国商社，用这些换来的钱款去搞"复辟"大业。

1924年，溥儒结束在北京西山戒台寺的隐居生活搬回恭王府时，已经只能住在王府后面的花园"萃锦园"中。由于生计断绝，从这时起，他开始靠典卖祖传文物和鬻书卖画，好在他画的宋人风格的山水和花鸟不同凡响，一家人靠他的画笔为生。

在那个时代，社会上既没有像样的博物馆，也没有现在这般精致的印刷品，要想提高绘画技艺，一是靠拜师学艺，一是靠临习和观赏家族的收藏；恭王府里的丰富收藏满足了溥儒成为书画

溥心畬所绘《西游记册》之一，现藏台北故宫博物院。

（来源：《故宫文物》126期）

家的基本条件。对于当年的王公贵族来说，书画这种技能仅仅是一种展示修养和消磨时间的"玩意儿"，谁也没想靠这些谋生，溥儒卖画可以说是不得已而为之。

在溥儒刚开始卖画的几年，为了顾及"王府"的颜面，溥儒也不能每年都搞画展（卖画），只能两年搞一次。得到社会认可以后，则有画商到府里订件，然后再拿到琉璃厂的画店出售。

即使后来成为著名画家，溥儒也把书画看成"雕虫小技"，而往往更看重自己的诗文和著述。对他而言，除了一些字画要拿出去换"钱粮"外，高兴时写画的许多东西都随手送了身边的朋友和学生，也使得一些人后来拿去换了银子或成为收藏。

1937 年，溥儒生母项太夫人去世后，为办丧仪，他以三万大洋卖掉了祖传的墨宝《平复帖》，此帖被当时"民国四公子"之一的张伯驹购得，1949 年以后捐赠给北京故宫博物院。

1938 年，卢沟桥事变发生的第二年，溥儒一家迁往颐和园的介寿堂租住，重新过起了隐居生活。

在颐和园这段日子，溥儒画画的时间占了大多数，据他身边的人回忆[1]：

> 先伯父居颐和园时期，是在沦陷期间。平时蛰居作画，很少与外界往来。偶有人来，如梅兰芳前妻孟女士，《时报》主编管翼贤等人，闲谈而已。心畬先生生平，对金石古董之类，特别珍爱。……一时琉璃厂古玩商，争来以石换画，大谋其利。此外，先生还爱古砖瓦、陶俑、陶器之属；但所藏之物，多为古玩商行骗之赝品，先生顾而乐之，日久天长，在桌下屋角，积成瓦砾一堆而已。

溥儒的绘画作品多表现荒寒之景；在残山剩水间，发泄出国破家亡的苦痛，给予观者一种悲壮苍凉之感。在这期间，表现写实的作品不多，《昆明秋色》是少数以佛香阁为主题的作品，他在画中题有[2]：

---

① 王家诚，《溥心畬传》，百花文艺出版社，2007 年 1 月第 1 版，第 84 页。
② 同上书，第 86 页。

太液惊波起，秋风满上林。

如何赋禾黍，遗恨遍江浔。

日本人占领北平，对溥儒而言，是双重"国变"，其心情格外沉重，所填词曲也愈发低沉，这在所赋《八声甘州·秋日怀苍虬侍郎》中可见一斑：

望幽燕暮色对残秋，千峰送斜阳，正萧萧木叶，沉沉边塞，滚滚长江。已是登临恨晚，谁共赋沧浪。

更何堪，江山异色，怨黍离，转眼变沧桑，伤心处，远天鸣雁，声断潇湘。

这期间，他也曾寄诗给宗室画家溥雪斋，在《壬午秋怀雪斋从兄》的五律中共勉坚守民族大节：

湖上闻归雁，秋风寄所思。

共期薇蕨老，敢忘棣华诗。

丧乱书难尽，艰危节自持。

脊令原上望，流涕此何时。

因为 1949 年以后溥儒去了台湾，他的名字和绘画作品便很少出现在大陆的宣传媒体上，上世纪 80 年代以后，人们才得以了解一个不同于"大阿哥"的满族后裔。

因为一到傍晚，介寿堂会随着颐和园工作人员的作息而关闭，使我没能看到这里"掌灯时分"以后的样子。

因要考察、核实一些专家所说的建筑"错中"现象，就选取沿着万寿山山坡建设的两组建筑——听鹂馆和画中游——来看。由介寿堂出来，沿着长廊北侧的小路可以一直来到听鹂馆的正门前面，看了一眼"金枝秀华"的金字门匾，就又顺着原路折到"山色湖光共一楼"建筑的东侧山路上，由此爬到画中游南侧的一段平台上。

研究建筑群的中轴线"错中"，在平地上是看不清楚的，只能找一个高地，采取俯视的角度研究全局。站在澄晖阁的二层平台上，可以俯视下面的听鹂馆院落，对比两组建筑内中轴线位置的不同。

"画中游的中轴线与南邻的听鹂馆的中轴线并不对位而略错开少许。这种'错中'的情况并非造景的要求，可能出于风水的考虑，这在清代皇家诸园中屡见不鲜，大内宁寿宫花园就有多处'错中'的做法。"①

看着下面的听鹂馆院落，很自然地想起民国年间借住在这里的四川籍画家张大千，想起他在这里的画作，与溥儒等北平画家的交往，与日本人的周旋，最后才逃出日本人占领的北平，先到上海，后又回到老家四川。

据张大千自己说，他曾经借住在颐和园（听鹂馆）两年，也

---

① 清华大学建筑学院，《颐和园》，中国建筑工业出版社，2000年8月第1版，第128页。

就是 1937 年、1938 年的样子（1938 年夏季离开）。再对比溥儒来颐和园的时间（1938 年），两人应该有不到一年的时间作邻居。

在民国时期的画家中，张大千是在他的兄长张善子的引领下步入上海和北京画坛的，其早期经历充满了传奇色彩：当过一年土匪，去日本学过一段染织工艺，回国后又做过不到一年的游方和尚，直到 1919 年正式拜清末遗老、上海文人曾农髯为师才算上了正路。

1925 年当他初到北京时，画作仅卖每幅 20 元，后来北京画家汪慎生雇用他仿制石涛和八大山人的画作，很长一段时间，他是靠作伪谋生的，但也由此练就了一手过硬的笔墨功夫。现在国内一些博物馆和私人手里的石涛与朱耷的画就是当年张氏所作。在国外的拍卖会上，大千先生的赝品价格也不低，价格参考现在张大千的画价而定。

到了上世纪 30 年代中期，张大千的名声渐起，并与溥儒和北平画坛有了密切交往。加之琉璃厂的画商和报人的宣传，则有了"南张北溥"之说。

在颐和园居住期间，张大千带着他的三太太杨婉君和大风堂的弟子数人住在听鹂馆中。这时期留存下来的作品以古典山水画和大写意荷花为多。

天津博物馆就收藏着张大千题有"昆明湖上听鹂馆"的一件设色山水——《仿石溪雁山三折瀑图轴》。画面上云烟缭绕，有山深林密之感；盖在画面右下角的朱文印更是有趣——"山水姻缘等于婚媾"。很能表现张大千的风流倜傥。

张大千所绘《仿石溪雁山三折瀑图轴》，现藏天津博物馆。

　　另外收藏在该馆的、画于1935年的大幅青绿山水人物图轴题有"蜀人张爰大千时客故都"，但这时张氏应该还未到颐和园居住。

　　张大千一生画荷花甚多，早期以写意荷花为主，40年代初期，去敦煌临摹壁画以后，又画过一些工笔重彩的荷花，晚年患眼疾，只得又画写意荷花了。

　　在晚年，张大千曾在向他的弟子叙述写生的重要性时谈及颐和园，回忆起那一段对景写生的美好时光：

　　　为了画好荷花，我曾赁居北平颐和园两年多，每天的早、中、晚三次，我都要去到荷花池畔，细心观赏，并旁及到其他的龟、鱼、虫、鸟、杂草等物，还下苦工对荷花写生，所以我能够对荷花的各种生态，烂醉于心。这样画起荷花来，就能够随意挥毫，无不毕肖而成趣了。

　　在我眼力好时，大幅荷干都是两笔完成：一笔从上至下，另一笔从下至上，两笔自然接榫。现在画一笔荷干，要跑几步方能完成，而每一次走动，心脏便剧烈作痛。所以每画一干，必须先含一粒舌片。 ①

　　直至晚年，在台北外双溪的摩耶精舍，张大千还在院子里养了数缸荷花；这些亭亭玉立的荷花既是画家的画本，也带着画家对故土的思念。

　　据当时溥儒带的女学生回忆，她曾随着老师到听鹂馆中做客，看张大千画写意荷花，当时的感觉是"气势大，格调高"，对一般人而言，临习并不容易。那时的溥、张两位画家应该是时相往来，在一起研讨诗文、合作书画的。

　　翻检天津博物馆的藏画，就有一张张大千画于 1934 年的《罗浮梦影图》，是张大千在同年 7 月参照故宫古画画的麻姑像，画面中心画一个古装侍女立于岸边，身影背后有一株横斜的古梅和一段流水。画面上方有张氏自己的一段题记，有吴湖帆题的题识"罗浮梦影"四字，以及溥儒在 1943 年唱和张大千原韵写的一首诗：

---

　　① 张大千，《大风堂中龙门阵》，上海书画出版社，2005 年 1 月第 1 版，第 105 页。

疏影浮空欲断魂，枝花寥落不成村。

　　可怜劫后山河改，旧梦迷离何处温。

　　1943 年北平还被日本人占领，溥儒所题"可怜劫后山河改"当是有感而发吧。

　　后来看到一张两位画家在 1955 年的合照，两人均身着长衫，背景为一日式木构建筑的门脸，此时的张大千已是须发花白，溥儒面容也呈老相。这一年两人在日本东京偶遇，感慨良多。这时的张大千正想由阿根廷移居巴西，计划在东京举行画展，出版画册，为欧洲画展准备展品。溥儒则是去韩国汉城大学讲学后顺访日本的。为了纪念这次重逢，也为了感慨岁月的无情流逝，溥儒在大千的一幅照片上，题下七绝一首：

　　滔滔四海风尘日，宇宙难容一大千。

　　却是少陵天宝后，吟诗空忆李青莲。

　　当张大千 1978 年结束海外漂泊回台湾定居时，溥儒早已在 1963 年底病逝于台北，再难寻找两人诗酒唱和的日子了。

　　在日本人占领北平时期，对于以卖画为生的张大千而言，日子并不好过，这里既有经济上的原因，也有政治上的压力，如何离开北平成为张大千当时必须考虑的问题。

　　随着卢沟桥事变的爆发，很多有良知的文化人和一些国立大学选择离开北平这座故都，这时欣赏和收藏书画已经成为一种奢望。据张大千自己说："在北平沦陷期间，所有的朋友都坐吃山空，人人叫穷，我也并不例外……

"卢沟桥事变后，日军即占据颐和园，当时住在园内的七十多家住户，纷纷向西山和北京城内逃避。日军在园内园外搜刮居民、杀害无辜百姓和强奸妇女（的事），时有所闻。这时的张大千也逃往北平城内。另一友人则以张大千在颐和园的见闻质询日本在华北的政要，日本宪兵队即传讯张大千，对此事展开调查。"①

日军扣押张大千的消息不胫而走，华北和上海的报纸随即称：因侮辱皇军，张大千被枪毙。

接着，日本人发起成立"中日艺术协会"，硬把张大千和黄宾虹列入发起人名单，报纸又纷纷报道：张大千好像已经落水做了汉奸。

这时的张大千想了一个逃离北平的主意，他和日本人说上海一个学生要为他开"遗作展"，他只有在上海露面才能澄清他被"枪毙"的消息。又表示他在上海有许多收藏，可以趁机取回，然后捐献给北平当局。日本人一方面不愿承担杀害艺术家的骂名；另一方面贪图他珍藏的书画，则在民国二十七年（1938）五月放张氏离开了北平。

实际上，张大千的二十四箱宝物此时正藏在听鹂馆的住处，等他到南方后才请在北平的德国朋友帮忙，为他托运到上海租界，

---

① 王家诚，《溥心畬传》，百花文艺出版社，2007年1月第1版，第82页。

后来又转运到四川老家。张大千的金蝉脱壳之计才算成功。

后来查到颐和园的一段园林历史：1928 年 7 月 1 日，颐和园被南京国民政府接收，并正式成为对外开放的国家公园。但这时的园林很破败，为了筹措维修经费，当时很多建筑被出租使用。例如，乐寿堂前院等十七座建筑作为甲等房出租，知春堂等二十二所建筑作为乙等房出租，乐农轩、永寿斋、平安室等作为丙等房出租，只是租金不详。

这样看，作为皇室宗亲的溥儒在颐和园里居住还有不交房租的理由，那么，张大千以及袁克定等人在园内居住则每年需要向颐和园交纳一定的租金，才有了 1949 年袁克定被请出颐和园时有"交不起租金"和"以古董抵债"的坊间传说。

晚饭后有画速写的冲动，先以三队院内堆放在柳树下的石块、建筑构件和测杆为对象画了一张，然后又去画仁寿殿内的赏石立峰、摆放在玉澜堂大门前的两块石头，这些当年千挑万选的石头有些一直摆放在这里，有些则是圆明园的遗石；像仁寿殿园内的四块太湖石就是 1937 年 6 月由圆明园遗址移来。

画完玉澜堂前的石块天色已暗，借着暮色又画了一张耶律楚材祠西侧配房的钢笔画；配房前的小路是仁寿殿通往知春亭、文昌阁一带的必经之路，每天游人如织，配房里则卖些小吃和旅游纪念品。这时游人已经散尽，在小店中值班的老人也已退回室内休息，画面中仅剩下一棵棵成组的柏树以及这组平房的轮廓，室内泛黄的灯光映在窗户上，凸显出木制直棂窗的美感。

20

福荫轩,
样式雷,
假山

（2006 年 7 月 29 日，周六，阴 ）

　　早饭后带着速写本从永寿斋东侧的山道上山，经过含新亭后即来到半山上的福荫轩。

　　清漪园时期，这里仅建有一个点景建筑被称为"餐秀亭"，现在平面为书卷形的建筑为光绪时期在原址上的新建，并改名为"福荫轩"。远处看，这个三开间轩式建筑建在一组假山上，在建筑的两侧还各自引出一段折形游廊，游廊两端与两个假山石洞相连；建筑和游廊的屋顶没有使用中式坡屋顶而是采用了高低相近的平顶，加之立面上端柱栏式的女儿墙，曲曲折折的建筑在山顶上显得很特别。如果不看建筑上的装饰细节和牌匾，很容易将其看成一座民国时期修建的建筑。

上：位于万寿山东段的点景建筑福荫轩，为「卷殿」式建筑，两侧与假山相接。

下左：与假山相连的游廊。

下右：福荫轩东侧景观。

据目前可查的样式雷图档和文献记载："光绪十九年（1893）二月初十日，餐秀亭改修卷书式平台，前檐泊岸地脚筑打柏木钉，山石掐当安摆云步石，后檐外山脚包砌云步石。"因为轩的结构是"一殿一卷"的卷舒式殿房，故这里又称"卷殿"。

从这里可以看出，当时的设计构思就是设置一个具有山林气息的园林建筑。

实际上，根据同治三年统计的《陈设清册》看，餐秀亭是1860年大火劫后幸存的少量建筑之一，将其改为福荫轩并改建成目前的书卷式平面很有庆幸祖上余荫的意味。

光绪时期，这组建筑与东侧的景福阁都是皇室成员观赏颐和园湖区风光的绝妙地点，现在则多是一些晨练的居民在这里活动。

手边有一本印制于上世纪70年代末的画册——《颐和园风光》，其中收录了当时北京市工艺美术研究所两位画师的中国画作品68幅，可贵的是画面景物是实景写生，没有一般"文人画"凭感觉作画的欠缺，加之画师住在益寿堂内，对园林历史也多有涉及。在一幅以谐趣园兰亭为主题的画面中，有一段题记：

> 谐趣园为颐和园园中之园，其亭榭之安排，山石之堆砌可称绝妙。在设计时皇家工程设计之专门机构世称样式房，在此云集各地之能工巧匠，其中以样式雷更负盛名，当修建颐和园时已为

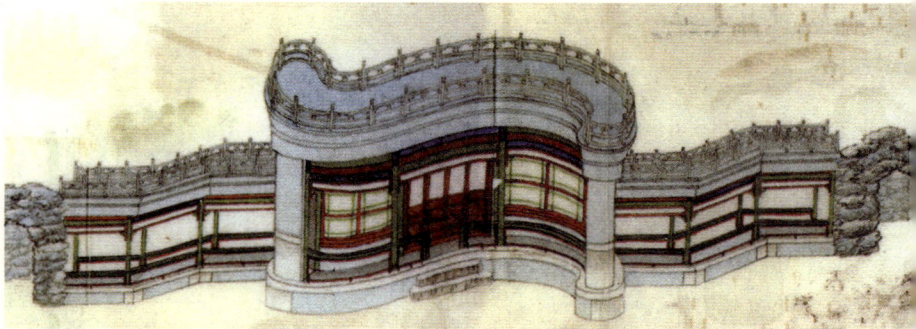

样式雷图档《颐和园餐秀亭立样》，现藏北京国家图书馆。（来源：BLAD传媒《建筑创作》杂志社，《留下中国建筑的精魂》，天津大学出版社。）

样式雷之第六代。①

天津大学王其亨教授指导硕士生何蓓洁完成的学位论文《样式雷年谱》中提到，这位第六代传人叫雷廷昌，当时的样式房掌案（负责人）叫霞峰。雷廷昌为烫画样人，从当时的雷氏日记《圆明园、普陀峪各工记》看，光绪二十年（1894）慈禧太后六旬万寿庆典后，在修建颐和园的同时仍有修建圆明园的计划，当时的工程设计人员在向皇室汇报时多在"颐和园档房"，"以备呈览"。

学术界对样式雷世家及图档的研究从1930年开始已经进行了八十余年，保留在世界各地的皇家工程档案也已成为了解当时皇家工程设计、施工、重建等问题的原始设计资料。这里调查的福荫轩和景福阁等建筑都有当时留下的原始图档可供对比。

这两幅被称作"颐和园东段昙花阁立样"和"福荫轩立样"的样式雷图档原来由中国营造学社创始人朱启钤先生所收藏，现归国家图书馆所有。提起朱启钤先生，还应该提到他对保护样式雷图档和研究"样式雷"方面所做的贡献。

① 杨志谦、张臣杰编绘，《颐和园风光》，北京市工艺美术研究所，1979年印。

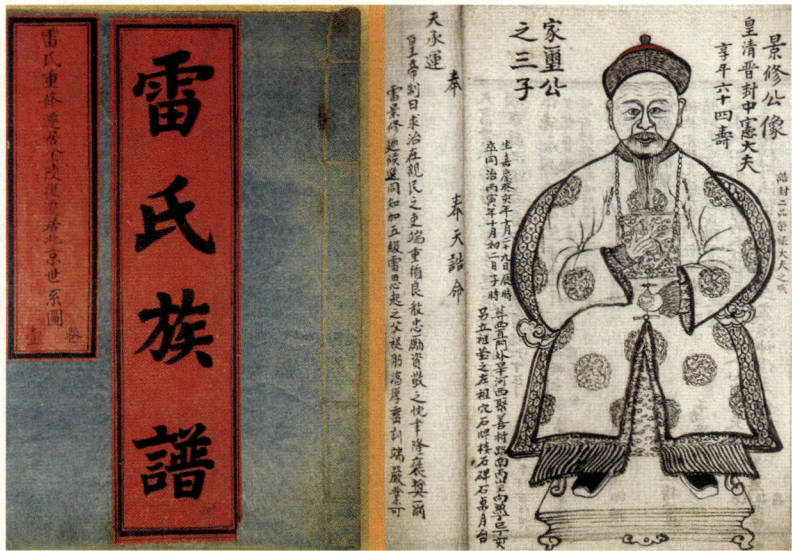

雷氏族谱及样式雷第五代雷景修像。
（来源：《中华遗产》总第 6 期）

雷氏家族有意收藏各类图档开始于咸丰十年（1860），也就是样式雷的第五代传人雷景修，据称："家中汇集图稿、烫样模型甚伙，筑室三楹为储存之所。"① 后来随着雷氏后人的分家，各个分支子孙各获得了部分家藏图档。

民国以后，朱启钤曾经"设法访求此项图档，彼时雷氏，犹以为将来尚有可以居奇之余地，乃挈家远引，并将图样潜为搬运，寄顿藏匿，以致无从踪迹"。至 1930 年春，雷氏各支后裔因"穷困愈甚，时事日非"，开始四处求售这些图纸；这时朱先生感到："倘不幸而全部流落国外，或任听肆贾，随意抽买，俾有系统之资料，零星散失，消归乌有，岂不可惜。"乃致函文化基金会，表示："于雷氏家藏遗物，乐为考求，并希望于最短时间，使此项图形，得

---

① 朱启钤，《样式雷考》，刊于《中国营造学社会刊》，1933 年 4 卷第 1 期。

一妥善之安置。"[1] 后来在多方努力下，文化基金会筹款买下一批图档，后归北平图书馆购存。在同年冬天，又有雷氏别支出售所藏样式雷模型，经介绍仍归北平图书馆购存。在以后几年，学社一直致力于收集散佚于市面的样式雷图样，并转交北平图书馆收藏。现在这些样式雷图档已经成为中国国家图书馆的镇馆之宝。

在中国式园林中，水面、树木、叠石和建筑是四个基本的组成部分，其中的叠石具有模仿自然山水的意象。对颐和园而言，山势和湖面是借用原有的地形地貌而形成，自然呈现出山水的宏大气象；由于历史跨度大，各种珍稀古木在园内也很常见，在这里，叠石就显得很局部，只在仁寿殿西侧，或在谐趣园、宜芸馆等园中园出现。

刚才上山的路边，在含新亭的南坡上看到一些叠石，既有成规模的湖石，也有散置的立峰石，很像是学生们在教学楼前搭建的"建构"作业。后来了解，立峰剑石移自附近的畅春园，而用湖石与青石叠成的假山则很有技巧，模仿了大自然中的峰、峦、岩、岫、崖、矶等内容，很像是模仿江南叠石的一个习作。

为了学习和记录这组假山的技巧，先在速写本上根据步测画出平面，然后再从各个角度画出搭建洞口的用石方法。看似简单的一组叠石，匠师竟然摆出了一组立体造型，从各个侧面观察都

---

① 《社事纪要，建议购存宫苑陵墓之模型图样》，载于《中国营造学社会刊》，1931年1卷第2期。

上：作者绘含新亭南坡假山平面测稿。

下：作者绘假山立面测稿。

可以得到不错的画面，三个洞口大概都可以进人，三条道路又在假山内部相通，形成一个有趣的空间结构。

待画完以后看，尽管有了这个平面和立面，估计匠师仅仅根据这些图纸还是很难恢复这座假山。看来叠石之法很难通过图纸传承，而必须跟着师傅在现场操作不可；过去口传心授的一些技艺在现代教育中是很难完成了。

想到这里，突然有种迷失之感，突然觉得周边的建筑和行人都已不见，只能感到自己在与这些石头在对话，又仿佛能够看到当年搭建假山的几个徒弟和立在现场上方的简易滑轮，既有拉动滑轮、控制滑轮的徒弟，也有爬到假山上、手扶石块的徒弟，他们在一旁师傅的指点下费力地移动石块，把石块摆在师傅判定合适的位置上。

这时候，一阵风起，眼前的古装人物忽地不见；从山坡下方吹来的旋风裹挟着一些败叶围着这个假山周围打转，忽而顺时针，忽而逆时针，吹到山洞的气流发出一阵阵怪声，像是有埙在吹鸣，声音时断时续，只是十分低沉、吵杂，并不成曲调。听着听着，又在吵杂的音调中辨别出一个老者的呼喊："关——园——门——喽——"

N

0   5   10   15 m

二〇一一年

测绘笔记

7月6日—7月17日

21

安顿住处，
熟悉测绘点

（2011 年 7 月 6 日，周三，晴）

距离 2006 年带队测绘颐和园已四年，尽管还时常去北京，但多在城区内活动，很少到三环以外的西北角一带，也就没有再进入颐和园。天津大学对颐和园的测绘从 2005 年开始已进行了七年，听负责今年测绘工作的阿龙讲："颐和园中的主要建筑和景区已经测绘完，今年的主要测绘点在西堤附近以及霁清轩等非开放地区。"算算暑假初期这段时间没有安排什么要紧的事，阿龙所说的测绘点对我也有吸引力，故而决定随颐和园测绘组再去颐和园住几天，既了解一下不熟悉的建筑群和单体，也再看看原来考察过的测绘点都发生了哪些变化。

按照昨天的约定，9 点前赶到系馆，看到学院门口停着两辆大

客车，一些学生正在装车，往客车的底层部分搬运自带的行李和测绘用的仪器等。

当大巴车开走后，才随着阿龙开的小车出发，一路走京塘高速，大概正午时抵达颐和园管理处西侧的一个大院里；这时同学们乘坐的大巴车还未到，我俩得以利用这段时间在附近的小卖部买些食物充饥。另外几位老师晚些时候才会到。

这次测绘，队员都住在青龙桥区颐和园管理处西北面的一个空院子里，院子南面的小马路是新建官门路，往西走跨过昆明湖路即到颐和园东侧的新建官门；由新建官门到三队食堂还得走十分钟左右。院里有南房三间、东房两间，紧邻东房有一间厕所，厕所外面的南墙下有室外取水的一排水龙头，翻过南墙就是颐和园管理处的后院。据说：这里的建筑原来曾作为附近居民的小商店使用，尽管室内空间较高，但室内外极其脏乱，所谓的东房和南房有的没有大门，有的没有窗子，加之室内有漏雨痕迹，显得更加昏暗和潮湿。

过了不久，拉学生的大客车也到了；学生们看到如此环境多有失望表情，据说还有掉眼泪的。当房间分定后开始打扫房间，分配床架和床板，南面三间分别住着女研究生、大二女生、带队老师和男研究生，东面房间住着大二男生，可能是床架不够，一些男生就要了一块木床板直接铺在地上作为休息之处。查看人员统计：共有老师 6 人、研究生 8 人、本科生 53 人。

师生们从进院一直打扫至下午 4 点前后，院落内和房间里才像个能住人的模样；累得不行，躺在床上不想动弹，一直歇到晚饭时分。

野外考察或测绘条件艰苦点应属正常，比之上次 2006 年颐和园测绘，老师住在三队办公区，学生住在有空调的铁板房，这次的条件属于"艰苦"一类。在院内休息时，有女生问我是否住在这里，听到肯定答复后，她带着笑意说："这样我们还平衡些。"

下午 5 点半以后，有研究生招呼着大家去颐和园三队食堂吃饭，从住处出来先过马路到新建官门附近，然后沿着颐和园东堤外的院墙向北走，要走十分钟以上才能到，好在沿着院墙一侧栽种有大量荷花，傍晚时分，荷叶与荷花散发的清香多少冲淡了刚才的劳累和困倦。

这次测绘人员依然在三队办公区东侧的颐和园食堂吃饭，一是方便，另外也可以保证食品的安全；进入食堂所在院落，发现建筑南侧基本变成了员工汽车的停车场，员工下班后，院子就显得空阔些。

饭后穿过食堂院子与颐和园东墙之间的一段过道和一个角门

熟悉测绘点：这里位于、后溪河东端，背景的墙体为霁清轩南墙。

就进到颐和园东堤，当看到波光粼粼的昆明湖时，才生出又到了"园子"里的感觉，这里有种与外部城市环境完全不同的空间气氛。

进园后阿龙和带队研究生开始分配各组测绘同学的工作：这次测绘的地点很分散，从离食堂较近的文昌阁、谐趣园后面的霁清轩，直到佛香阁西侧的大船坞，再到昆明湖西堤上的六座景观桥，以及位于养水湖南岸的畅观堂。

从 2005 年测绘谐趣园开始，颐和园内的大部分主体部分已经测绘完毕，这次测绘的地点多是些往年遗漏下来的景区或是比较偏远的景区。

很多学生对颐和园并不熟悉，有些则从没来过颐和园，这次进园也有带着学生熟悉颐和园环境的意图。在老师带领下，从文昌阁开始，经过仁寿殿西侧小路，经赤城霞起城关先到谐趣园之间的北侧峡谷，查看属于测绘范围的、位于后溪河东端的一段水道，然后沿着后溪河南岸的小路一直向西走到船坞，再跨过半壁桥来到昆明湖的西岸；走到这里时，天色已经暗了下来，隔着湖面只能够看到万寿山与佛香阁的剪影，中景只能看到石舫和石舫西侧的五圣祠；五圣祠南侧院墙上的壁灯泛出一种暖黄色，湖中的倒影则变成垂直状的橘红色，很是好看。

过了桑苎桥以后，带队老师的步伐明显加快，后面的同学则一路小跑地跟着，每到一个测绘点，由研究生宣读在这里的测绘同学姓名和带队"老师"，由"老师"讲解这组学生的任务，然后再赶往下一站。

在我的记忆中，几乎每次测绘前或测绘中都会组织一次集体参观以熟悉环境，毕竟每组学生经过一段时间的测绘，会对自己测量的测绘点与邻近状况比较熟悉，但对整个园林情况还不了解。而在老师带领下走一圈，听听老师的讲解，则可以增加对全园和其他建筑群的了解。现在指导测绘的在编老师有限，一旦开始测绘，老师们也很难再有时间和精力带着大队学生去认识各个测绘点。近些年，为了补充在编师资的不足，一些在读研究生和将要入学的研究生（古建类）也作为带测绘的老师使用。

听阿龙讲，这条路差不多有四公里长，沿着后山的道路走过去感觉不止这个距离；当走到船坞西侧时天色已经变暗，待走到西堤时天色就完全暗了下来，在这里回望佛香阁和前面的昆明湖，有种空间辽阔、烟雨迷蒙的感觉，此时，园内的游人已散，除了我们一行人就是附近散步的居民。走到后来，刚才评论建筑和测绘点的谈话声皆已不闻，只能听到鞋子摩擦路面所发出的嚓嚓声。

转过西堤和另一座石拱桥（绣漪桥），再经过十七孔桥前的亭子，向北走不远就可以见到新建宫门，出了这个大门，今晚熟悉

由西堤上看傍晚时的昆明湖、万寿山。

测绘点的活动即告结束。许多同学越过颐和园东路的人行道回到下午收拾出来的住处。

发现新建宫门外的小卖店还营业，就买了两瓶矿泉水带回去。傍晚出来时已经注意到，住地没有提供饮用水的地方，热水得到南院的管理处去打，看来需提议准备暖壶。但晚上也不能多喝水，主要是上厕所不方便。目前能够使用的、设在院里的卫生间是男女混用的旱厕，每次进去前都得先敲门，以免尴尬。

夜里被一阵阵的雷声和雨声惊醒，空气中顿时有了凉意。

22

谐趣园，瞩新楼

（2011 年 7 月 7 日，周四，多云转晴）

由于古建的测绘任务比较艰苦，又占用暑假时间，在 80—90 年代初的几年，学院领导曾规定新留校的青年教师都要带测绘，以补充历史室老师的不足，由此才有了我后来的北海测绘和天坛测绘的带队经历；在天大院内一晃数年，我也由一名青年老师变为中年老师，到 2006 年颐和园测绘时已经包含很多个人兴趣成分，而不完全是学院的安排了；现在带测绘的老师除去历史教研室的老师，就是当年考进历史教研室的研究生，他们应该是暑假后正式入学，参加测绘也算是提前熟悉天大环境了。

另一个跟着测绘的原因是近年依然对水彩写生感兴趣，而新建筑又多不入画，借着暑期测绘则可以多画几张古建筑和园林；

而作为测绘老师是不能"走神的",得负责组内同学的测量安全并完成测绘任务。2006年测绘颐和园期间,在完成我带的学生测绘之后,又跑到园内住了数天,既深化了对某些园林建筑的感受,同时也画了几张画,只是有意犹未尽之感。

去年,一位教古建的老师邀请我与他们一起去内蒙古呼和浩特测绘,并对我讲:"现在出来画水彩写生的人越来越少,您画的古典味道的写生画也可以补充古建筑测绘成果之不足。"这才有了去年的呼和浩特之行,以及在现场画的一批水彩画。

早起洗漱后随学生们到颐和园食堂吃早饭。饭后曾把饭盆放在隔壁的三队队部会议室,后来发现颐和园职工多把餐具放在餐厅内的柜橱上方,以后也就照此办理了。只带着马扎和水彩画具进入颐和园。

此时还未到早晨8点,看到已有很多游人由仁寿殿方向进园。这次进园的明显感受就是游人更多了,也许是赶在暑假时段的缘故,有许多小学生在老师和导游引导下成群结队地行进和拍照,为了便于管理,或在小孩的胸前挂块标牌,或统一戴有标志性的帽子。

想起2006年测绘仁寿殿时,白天还可以在建筑的侧面和后面拉尺读数,现在不仅仁寿殿的东侧院子内挤满人群,而且还有许多或坐或站的游人在建筑的侧面台阶上休息,想找个人少的空当拍照都不容易。

实际上昆明湖沿线的主要游览路线已经无法长时间停留,更别提坐下来画画了。

上午的首要目标是谐趣园，预期那里能够清静些；因为这个园中园位于颐和园的东北角，导游一般不会把行程紧的散团往这边带。待我赶到谐趣园官门时院门还没开，在附近等了一会儿才进去，果真这里还清静些。

在整个颐和园的景区中，谐趣园和北侧的霁清轩位于园区的东北角，既是后溪河水系向东南摆动的一个转折点，也是一个自成系统的独立性园中园；出于对这片园林的喜爱，几乎每次来颐和园都会到这里看看。

进谐趣园后先找可以作画的景点。

这个园中园以一片水面为中心，一些小体量的建筑围绕着这片"L"形水面布局；站在某个定点向一边看，发现很难用几个小体量建筑组织整个画面，主要是画在图面上不够饱满。拿着马扎先沿水面走了一圈才选定涵虚堂西侧的一个视点来画瞩新楼，既可画这个二层小楼的东立面，又有下面的连廊和后山上的一些景物作陪衬，加之画架摆在涵虚堂的西侧可以躲在一片建筑阴影里，避免上午阳光的暴晒。

画画过程中有涵远堂里面的一些工作人员围观，说说笑笑的很是热闹。

最近看到清华大学建筑系 50 年代的学生写的回忆文章，回忆 1955 年当他们在谐趣园组织班会活动时，碰到正在这里画水彩画的梁思成。当时梁先生就住在瞩新楼的上层。这张名为谐趣园的水彩画后来送给了这位女生，也成为现在能够看到的、保留下来

上：谐趣园平面图。（来源：清华大学建筑学院编著
《颐和园——中国皇家园林建筑的传世绝响》）

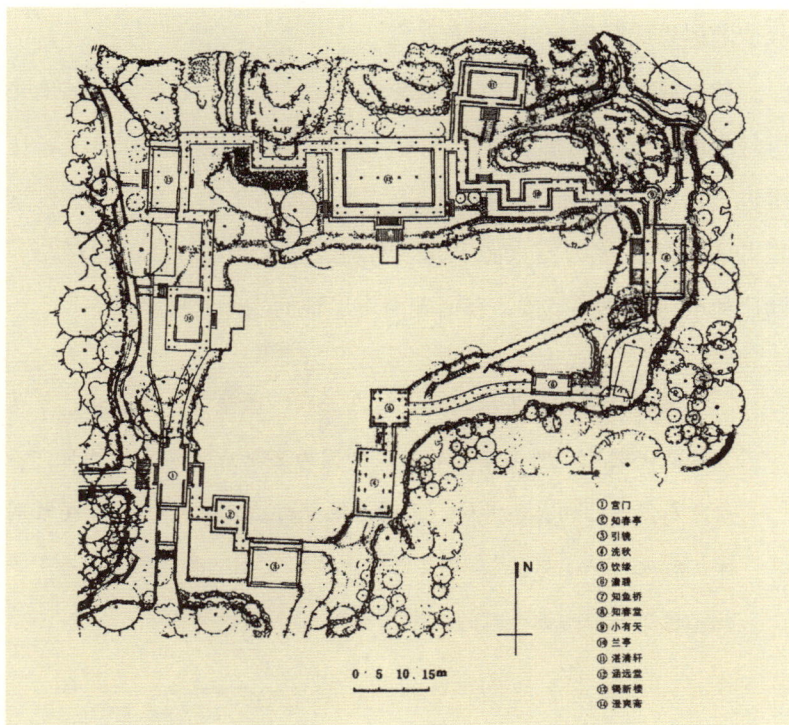

下：远看谐趣园宫门。

①宫门
②知春亭
③引镜
④洗秋
⑤饮绿
⑥澹碧
⑦知鱼桥
⑧知春堂
⑨小有天
⑩兰亭
⑪湛清轩
⑫涵远堂
⑬瞩新楼
⑭澄爽斋

极少的梁思成写生作品。

梁思成那时怎能住在这里呢？

当时的学生们猜想他肯定是一位大干部才能够住在这里，这里也一定很好玩。而梁的回答是："我是没事干的小老头，住在这里并不好玩，因为没人跟我玩。你们来了这里，带我玩行吗？"随后他与这些学生下楼，在谐趣园里席地而坐一起做游戏：

> 梁思成要坐下去很困难，就在屁股下面垫了一块石块，于是大家就一起玩"叫名字"的游戏。因为梁思成怕学生们拘束，不愿意暴露自己的真实身份，又因为他身材"又瘦又小"，于是让同学们称他为"小老头"，而梁思成自己尽管年纪很大，但是一下子就记住了他们四五个人的名字。

这次偶遇给这些不久后开学的新生们留下较深的印象，开学后他们才知道那位在颐和园里画画的"小老头"是建筑系的系主任。实际上，梁思成这时心中的苦闷是无法向这些学生谈及的。

> 1955 年 4 月，林徽因因病去世，享年 51 岁。理论批判和爱妻之死，给梁思成以致命的打击，他怎么熬过的 1955 年，我们不知道。[1]

---

[1] 田茜、张学军等编著，《十个人的北京城》，华夏出版社，2003 年 9 月第 1 版，第 191 页。

《北京日报》1955 年刊登的讽刺「大屋顶」的漫画。

据说是听说梁思成极度抑郁及查出肺结核后，经中央领导批准，梁思成才得以在瞩新楼养病，大概在这里住了三个月。据梁思成的女儿梁再冰回忆：

> 当时，尽管领导方面在思想上对父亲进行了斗争，在生活上对他的照顾仍然是无微不至的。他从同仁医院出院后，被送到颐和园的"谐趣园"疗养。他在这里重新拿起了水彩画笔，身体和心情也渐渐恢复。

1955 对梁思成的批判史书上称为"对以梁思成为首的复古主义建筑理论的批判"[1]，其中主要集中在他要在现代建筑之上加设"大屋顶"的批判。

梁思成这时之所以成为一方潮流的引领者，不仅仅因为他对中国古建筑研究的贡献和影响，也因为 1949 年以后他的官方身

---

[1] 《建筑学报》，1955 年第 1 期。

份——北京市建委副主任，具有审查和批准在北京市内建筑方案的权力。但是，提出在新建筑上表现"民族特点"，提倡"大屋顶"确实又与建国初期一边倒地学习苏联以及推崇"斯大林的建筑理论"有关。事实上，在建国初期那种经济条件下，对"大屋顶"的偏爱和推广确实可能带来建筑造价的提高，记得1955年3月发表在《北京日报》的一幅漫画，画中是两人站在一栋写着"厨房"的单层古建筑前交谈，一个身着满族服装的妇人把手搭在一位手拿图纸和丁字尺的设计人肩上；附文为："慈禧太后说：你真是花钱的能手，我当年盖颐和园都没有想到用琉璃瓦修饰御膳房！"

1949年以后，对于如何把握北京及其他大城市新建的建筑形象，出现过一个阶段的摇摆期。50年代初期在"抗美援朝"和学习苏联的背景下，国内各界的爱国热情空前高涨，1952年建筑界以"反对结构主义"的名义，批判了"毫无民族特色的"现代主义建筑，并认为这是"资产阶级世界主义和无产阶级国际主义的斗争在建筑理论、建筑思想领域里的反映"[①]。当时苏联专家提倡建筑要做"民族形式"，"要像西直门那样"。

对于长期研究古代建筑法式的梁思成来说，民族形式与使用"古代建筑法式"有着必然联系，而像上海或天津保留下来的"洋式建筑"则是我们被侵略、被当作半殖民地的时代产物。在这种背景下，梁思成先是反对在北京旧城里建设超过三层的建筑，随后又认为：在东西长安街（两边的建筑）和天安门广场周围（的建筑）

---

① 汪季琦，《回忆上海建筑艺术座谈会》，《建筑学报》，1980年第4期。

都应该有个大屋顶，并画过两张在高层建筑上如何做大屋顶和"腰檐"装饰的草图（想象中的建筑图）。从这一时期的史料看，梁先生坚持的还是一些艺术理念，如新建筑如何与古代文物建筑的协调，如何凸显明清时期遗留下来的一些标志性建筑，形成完美的"城市轮廓线"等。只是城市规划和建筑形象关系到一个历史时期的政治取向和经济条件，不完全是一件艺术作品，尽管我们总希望它是一件"完美的艺术品"。

对当时提倡"大屋顶"的初衷，梁思成在1969年的一份材料中曾留下一份"交待"：

> 我窃据了都委会要职不久，就伙同右派分子陈占祥抛出那个以反对改建北京旧城为目的的《关于中央人民政府行政中心位置的建议》，企图在复兴门、阜成门外建设中央人民政府的行政中心，把旧北京城区当做博物馆那样保留下来。它刚刚出笼就被革命群众彻底粉碎了。于是，我就退一步把住审图这一关，蛮横专断地要送审单位在新建筑上加盖大屋顶。同时，我还抓住一切机会写文章，作报告，讲"中国建筑"，顽固地鼓吹：（1）建筑是艺术；（2）新中国的建筑必须有"民族形式"；（3）古代留下来的"文物建筑"必须尽可能照原样保存下来。1953年、1954年两年间，在我的宣扬推销下，"大屋顶"的妖雾已弥漫全国各地，周总理在人大一届一次会议上对各地的豪华建筑提出严厉

批评。这时候，伟大领袖毛主席已指示对大屋顶进行批判了。^①

尽管在这篇检讨文字上对自己和朋友加以贬低，但主要事件基本符合现在可以查到的历史材料。

据知情人汪季琦回忆：

"毛主席讲了'大屋顶有什么好，道士的帽子与龟壳子'。把批判梁思成的任务交给了彭真。"^②

于光远回忆："1955 年我参加的一次中宣部部长办公会议上，陆定一部长传达中央政治局会议精神，决定对梁思成建筑思想进行批判。陆定一说，因为梁思成的许多事情发生在北京市，他建议这件事由彭真同志负责。"^③

由此也引发出北京市委"畅观楼小组"在颐和园畅观楼里写的批判文章。

第一张画用时不到三个小时，画面的颜色有些厚重，不够透明，后来才发现是这次带的水彩颜料有问题，现在国内生产的水彩颜料不仅颜色不够准确，而且透明度不够，画在纸上有点像水粉颜料，很难产生那种透明的"水彩特性"。

画完画在后面的长廊上休息会儿，就沿昆明湖东侧小路赶回住

① 梁思成"文革交待材料"，1969 年 1 月 10 日，转引自朱剑飞主编《中国建筑 60 年的历史理论研究》，中国建筑工业出版社，2009 年 10 月出版，第 86 页。
② 夏路、沈阳，《访问汪季琦》，转引自上书，第 87 页。
③ 于光远，《忆彭真二三事》，《百年潮》，1997 年第 5 期。

上：位于谐趣园西侧的瞩新楼、澄爽斋。

中：瞩新楼与下面游廊。园内看到的瞩新楼为两层建筑。

下：在万寿山东侧小路上看瞩新楼，只能看到建筑的上面一层。

地。中午颐和园管理处的领导在住地附近的管理处食堂招待我们，园方管基建的有四人，参与测绘的学院老师有五人出席，其中团委小王等三人在饭间赶到。因为来颐和园的路不熟，他们在下了高速以后还是走了一段冤枉路，所以比预期时间晚到了一会儿。

下午又去谐趣园附近作画，在谐趣园的西侧院墙外、瞩新楼的

上：瞩新楼东立面。（来源：《天津大学建筑系学生作业选》，天津大学出版社。）

下：第二张水彩写生。万寿山东侧小路上所见景观，右侧为通往谐趣园的小门以及瞩新楼的侧面。

南侧选了一个视点，画面中包括瞩新楼的西南面、一段院墙和一棵古松，背景则是万寿山东麓与山上的林木。

瞩新楼建筑由院内看是两层楼，是谐趣园中唯一的二层建筑；在围墙外面看则是一层，并不引人注目，主要是围墙外的山坡路与园内地势有一层左右的高差。仔细研究这栋建筑的设计手法，可以发现古人在处理山地建筑上的高超技巧。后来发现一张天大学生在上世纪 70 年代末画的测绘图，测绘的就是瞩新楼的东立面，看来这里很早就已经引起一些研究园林建筑的学者的注意。

这张画画到下午 5 点半左右，有些游人围观，也碰到测量谐趣园北侧玉琴峡的一些同学，他们的主要任务是测绘谐趣园北侧的霁清轩，由于下午霁清轩内有接待任务，才临时决定测量这里的。快画完时，遇到下班的谐趣园职工，其中有在涵远堂工作的几位女子，她们告诉我，上午曾经看到我画瞩新楼，下午还在园内找过我；有一女子要拍画面，便随缘。

赶回三队食堂院子时，食堂还未开门，这时的大院显得很空旷，主要是停在院内的小汽车都开走的缘故：食堂对园内职工仅开早、午两餐，下班后的职工都赶回家里吃饭，晚餐只对我们这些没地方好去的师生开饭。

在院内徘徊时发现自行车棚附近的猫群，原来已从三队的办公小院转移到这里安家。一只黄猫像认识我一般地走过来，随即带动许多小猫出来，与黄猫在地上玩了一会儿，只是身上没有带食物喂它们。

夜幕降临后，颐和园里的游人和锻炼的市民逐渐散去，偌大园子的真正主人是这些野猫，想想它们真的很幸福。

23

谐趣园，霁清轩

（2011 年 7 月 8 日，周五，晴）

　　早饭后带着画具到玉澜堂和长廊附近转了转，景物虽然可以入画，但游人太多太嘈杂，根本无法享受画画的乐趣。从乐寿堂北面的山路上山，又转到谐趣园宫门。进园后先选了涵远堂后面山坡向下的俯视角度，又觉得景物太复杂而放弃；后来选择兰亭（御碑亭）东侧的拱廊下由西向东看的视点，此处的视线层次丰富，近景左侧是兰亭一角和由西向东的溪流，中景是涵远堂的西面以及与北侧湛清轩的连廊，而且附近没有空地，不会有太多的人围观。于是，我把马扎安置在游廊与溪水间的一小块地方作画。

　　画水彩画得准备清水，当找不到清水时便用湖水、河水取代。

　　在颐和园作画时，一般先在食堂准备一瓶清水带着；当忘记

上：在知春堂平台西望景观，可借万寿山东麓为远景。

下：写生时所选画面：近景为游廊和兰亭，远景为涵远堂，可见建筑密度之高。

带水时，只能就地取材，寻找附近的水池打水。这时不仅需要盛水的水罐，还需要一条较长的绳子，因为水面与岸边多有一段高差，并不是俯身就可以够到水面的。

　　早年在农村学农时，水井打水的经历在这里可以派上用场，大致的要领为：先把系好绳子的水罐扔进水里，然后通过摆桶、吸水、上提等动作把水罐提上来。虽然，这种打上来的水不如接来的自来水洁净，但也可解"不时之需"。在谐趣园中作画时多采用这种办法取水。

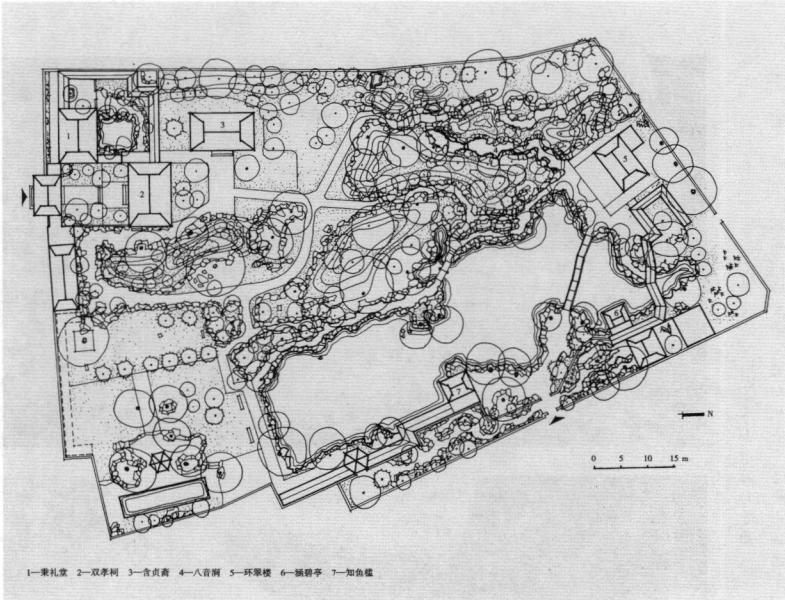

1—秉礼堂 2—双孝祠 3—含贞斋 4—八音洞 5—环翠楼 6—插碧亭 7—知鱼槛

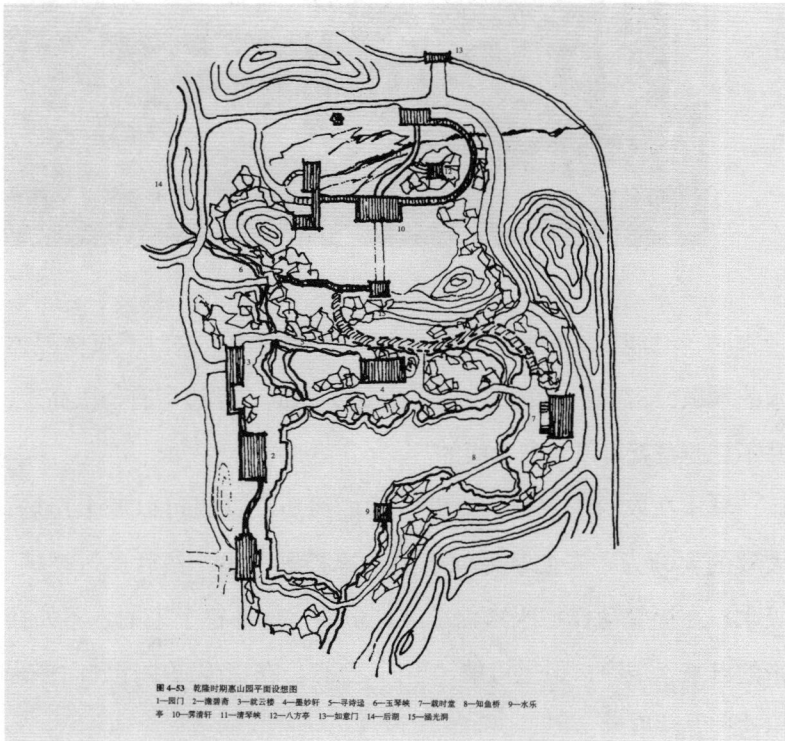

图 4-53 乾隆时期惠山园平面设想图
1—园门 2—揽碧斋 3—凝云楼 4—墨妙轩 5—寻诗迳 6—玉琴峡 7—瓻时堂 8—知鱼桥 9—水乐
亭 10—霁清轩 11—清琴峡 12—八方亭 13—知鱼门 14—后朗 15—揽光洞

上：无锡寄畅园平面。（来源：胡洁、孙筱祥，《移天缩地——清代皇家园林分析》）
下：乾隆时期惠山园平面设想图。（来源：胡洁、孙筱祥，《移天缩地——清代皇家园林分析》）

在乾隆时期谐趣园被称作惠山园，是乾隆皇帝数次南巡之后，以无锡惠山园（现称寄畅园）为蓝本修建的小型园林。在乾隆御制诗里，歌咏惠山园的诗歌达 151 首之多。那时惠山园的建筑比现在要少，主要景点被称为"惠山园八景"。在乾隆十九年所作的《题惠山八景》的序言里，高宗皇帝写道：

> 江南诸名墅，惟惠山秦园最古，我皇祖赐题曰寄畅。辛未春南巡，喜其幽致，携图以归，肖其意于万寿山之东麓，名曰惠山园。一亭一径，足谐奇趣。得景凡八，各系以诗。[①]

如果将近年学者们的研究成果与现在的谐趣园相比对，八景之中只有"涵光洞"因嘉庆年间兴建涵远堂而毁坏，其他七景的位置都还依稀可辨。惠山园八景为：载时堂（后改知春堂）、墨妙轩（后改涵远堂）、就云楼（后改瞩新楼）、澹碧斋（后改澄爽斋）、水乐亭（后改饮绿亭）、知鱼桥、寻诗径（在瞩新楼和涵远堂之间）、涵光洞（不存）。

惠山园在嘉庆十六年重修，改名为谐趣园。由于谐趣园内的建筑在 1860 年曾经被英法联军烧毁，光绪十八年（1892）又经历了一次重建，除知春堂（乾隆时称载时堂）等少量建筑外，大部分建筑经过重修，在原有"惠山八景"的基础上又增加了一

[①] 孙文起、刘若晏、翟晓菊、姚天新编著，《乾隆皇帝咏万寿山风景诗》，北京出版社，1992 年 8 月第 1 版，第 358 页。

些建筑和曲廊。如果将谐趣园平面与惠山园的复原设想相比较，这个园中园已经从一个以自然山水元素为主的园林转向了以建筑物为主的园林。

将乾隆惠山园与无锡惠山园进行对比，可以发现前者模仿最成功的一段是园林的东南角，即现在的饮绿亭、知鱼桥到知春堂一带。当时乾隆惠山园的北侧比较疏朗，以自然景物为主，唯一的建筑墨妙轩距离水面还有一段距离；而现在的谐趣园北岸增设了曲廊、兰亭、涵远堂等建筑，同样在知春堂的高台上从东往西看，可能是景物改变最多的地方，但依然可以了解乾隆为什么在这里修建北方的惠山园，主要原因在于有西边瓮山的山势和树木可作借景，使得园林的自然景物显得更加深远。

假想我能坐在当年乾隆惠山园的东侧作画，取由东向西的视角，应能看到更多的树木、山石等自然元素吧。而现在由于当年的小树已经长成高大的树木，并已经产生对这条视廊的遮挡，所能看到的自然景观便打了很大的折扣。

现在画写生的人已成稀有动物，对建筑系学生而言 80 年代前后的写生传统已经渐行渐远，学生的手头功夫也已逐渐被计算机绘图所取代；据画画的朋友讲，即使是美术学院的学生也将现场写生改为"现场采风"，用数码相机对着景物一通狂拍，待回到教室后再对着照片作画。

这张主景为涵远堂侧面的画面有些写实，也画得较慢，快到 11 点半才收笔。又见到昨天认识的在涵远堂里工作的女子，她自

霁清轩的核心景区被一条环形半廊所贯通和环绕。

己介绍说几年前就曾经见过我带学生画画，2006年时她曾经在仁寿殿院中北侧朝房值班，怪不得看着有些眼熟；聊天中得知她同样来自东北地区，在这里做合同制职工；说起话来十分爽快。

中午到三队食堂后，阿凤告诉我带测绘的小王老师来了，聊天后一同回到住处休息。下午3点与他一起去谐趣园后面的霁清轩测绘点。

在清漪园时期，霁清轩与谐趣园是一个整体，形成北山南水、北实南虚的景观，当时霁清轩的称谓为：颐和园谐趣园内霁清轩。嘉庆时期，对谐趣园的改建主要集中在霁清轩外围加设了一道封闭性院墙，使霁清轩成为一个相对独立的院落。

霁清轩位于谐趣园的北侧，有一个垂花门直接与涵远堂后面的假山相连，但目前的霁清轩小院由北京市政府管理，并不对游人开放。我们测绘的学生也得绕到万寿山北侧的颐和园路，通过这里的正门才能进去。

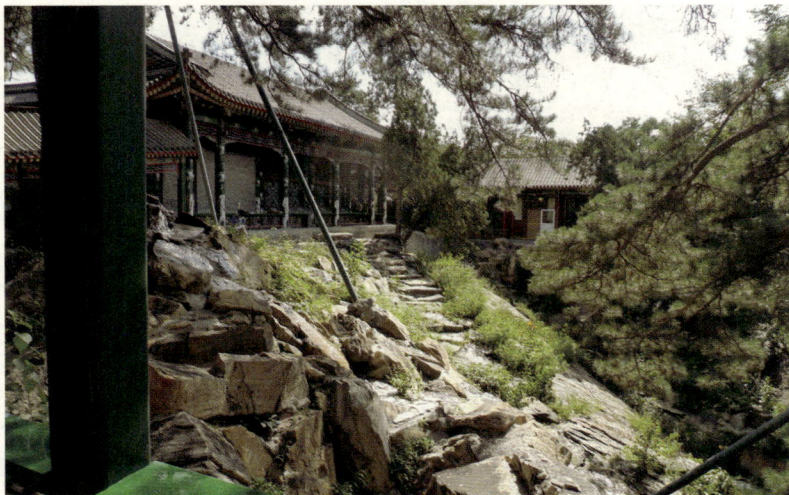

由八角亭上看霁清轩和清琴峡建筑。

当我们两人赶到大门附近时发现，沿街道设置的大门旁没有单位的牌子，只有一个门牌号。

打电话进去后，负责这里测绘任务的研究生出来把我们迎进去。进大门（如意门）后是一个狭长的外院，正对大门的是一段忽高忽低的爬山廊，随着小路向西走一段可以看到设在爬山廊上的八角亭，这个不封闭的八角亭成为连接外部景观与内院景观的一个交界点。

走到八角亭里才可以看清霁清轩院里的中心部分：被爬山廊围绕的是一处由各种山石、树木和建筑所形成的自然景观；靠东部分是一组由小块黄石堆成的假山，山顶设一方亭，另一部分是一块天然的倾斜石壁，有溪水可以沿着石壁的对角线方向向下流淌。

这段人工叠石与自然石壁的呼应被很多园林学者所赞赏：

　　这里天然巨石如斧劈刀削，神态粗犷，气势宏大。在院子东部让出自然岩石，就自然之势叠出一假山石峰，上置方亭，自然山石与假山叠石完全混为一体，气势十分雄壮生动。再加上一股泉水萦回曲折，流经庭院，天然林泉，野趣横生。其效果在现存北方园林是罕见的。[①]

在八角亭的斜上方有两个小体量建筑，一个叫霁清轩，一个叫清琴峡，两个建筑同样通过一段游廊相连。霁清轩是这里的主体建筑，呈对称性设置；清琴峡的正面与假山上的方亭遥相呼应，而在八角亭内却只能看到清琴峡的东立面。由于清琴峡建筑位于院内水系清琴峡的上方，在这里既可以听到自然的溪水之声，也是弹琴赏月、朋友小聚的好去处。在清琴峡的西侧还有一组标高略低的建筑，各呈南北和东西朝向，构成了由爬山廊围合院落的西北角，一条由八角亭至山顶霁清轩的山路就经过这部分半围合空间。

在爬山廊的东南角有石阶将人们引到院子的东南角，有一个由两排房子组成的小院位于与大门同样的标高上，目前清幽的小院据说是清末时期的奶制品作坊。小院外面与谐趣园仅一墙之隔，可以听到谐趣园内游人的嬉笑声；在与谐趣园的隔墙上有个角门，那面接着谐趣园的假山。清朝末期当慈禧太后住在园子时，喜欢来谐趣园赏花、钓鱼，由这里准备的奶制品可以很方便地送过去。

---

① 转引自胡洁、孙筱祥，《移天缩地——清代皇家园林分析》，中国建筑工业出版社，2011 年 9 月第 1 版，第 96 页。

坐在霁清轩北廊内所作速写：位于假山上的四方亭。

目前整组建筑的主要功能是一个高级接待场所，不时有接待任务，每当这时便要清场，我们的学生只能赶在没有任务时测绘；在没有客人时，整个院子显得很清幽，很难想象这里与谐趣园仅一墙之隔；不时地可以看到穿着白制服的工作人员来回巡视，由古建改成的客房都敞开着房门，可以看到室内的古雅陈设。

进院时就听说下午 4 点要来客人，估算一下时间是没有可能画水彩画了，只好坐在霁清轩东侧的连廊里画了一张假山上方亭的钢笔速写。

高宗皇帝在乾隆三十五年曾写有一首诗，写他在霁清轩北望的情景和心情：

别嶂颇亦高，有轩筑其顶。

向北堪驰望，绿云迷万顷。

习习华黍风，秋阳澄霁景。

始旱继以潦，数月优炳炳。

弗灾且望收，额手吾何幸。

　　向北侧眺望，原来的万顷良田早已被城市建筑所取代；透过眼前一些大树的缝隙只能看到围墙外面的城市街景，听到街道上各种机动车的声响。早已没有乾隆在这里看到的景色，所谓时空变化，沧海桑田而已。

　　小王老师不时地四处走走，检查学生在测稿阶段出现的问题。由于这里的建筑规模较小，多是些单层建筑，测量起来困难不大。

　　直到下午5点多，院内还是静悄悄的，看来接待任务被推迟了。

　　5点后我俩出霁清轩院门后又沿着颐和园院墙北侧的一段道路进颐和园北门，绕过后山小路和石舫后沿长廊回到三队食堂。

　　晚饭后与小王老师到十七孔桥和湖心岛转了转，在桥的东侧遇到很多扛着各种照相器材的摄影爱好者。目前国人的经济条件好了，有条件玩摄影的人多了，费时费力、搞写生的人自然也就少了；过去需要画家客观地描述和记录的历史性画面，现在已经被摄影图片所取代，随着手机功能的增强和摄影器材的普及，摄影已经变成一种可以娱乐大众、人人可以参与的艺术形式。

24

文昌阁，琉璃塔，清可轩，霁清轩

（2011 年 7 月 9 日，周六，晴）

　　早饭后随小王老师到离食堂最近的文昌阁"巡视"，也许是来得有点早，从东堤小路经过文昌阁门洞后即看到聚集在文昌阁大门北侧的测绘同学，他们都在等待拿钥匙的工作人员来开门，现在城楼上部不对游人开放；等到 8 点半后有穿制服的管理员来开大门，然后随同学们登一段直跑楼梯抵达二层平台。在这里可以俯视昆明湖东西两侧的景点。近处的知春亭、远处的长廊和万寿山都历历在目，给人以心旷神怡之感。

　　在楼上的主殿内看到供奉的文昌帝君像，左右有金童、玉女陪侍，据说原来是一组铜像，旁边的铜马已改为木马，从形象上看显然是后来补配的。

清漪园时期，园内建有六座关隘式建筑，文昌阁和位于后溪河南岸、船坞东南角的宿云檐是两个相对应的建筑，前者供奉着文昌帝君，后者供奉着关帝像，有东文西武之意。1860 年经过英法联军的破坏，文昌阁城关上的建筑基本被毁；原来城关上的建筑为平面十字形的三层楼阁，在二层和三层之间还设有腰檐，平台的四角为重檐式角楼。慈禧重修时才改成现在的格局：位于基座上的主体建筑平面为十字形，但高度改为两层，在基座的四角设有四个单檐的角楼。

　　宿云檐上的建筑也在那次破坏中被毁，原来的重檐阁楼式建筑后来被改成亭式建筑，但已不再供奉关帝像，也许是嗔怪关老爷也没能保住御园不被破坏吧。

　　从平台上仰视，由于四周的角楼与主体建筑相距很近，呈现出一种"犬牙交错"的屋顶形式，估计测量起来并不容易。小王老师主要询问他们测量时所遇到的问题。

　　有相识的同学看我手中带着画具就问我是否要在这里画画。在平台四周转了一圈，感到从高台上向下俯视的场面太大，景点太分散而很难入画，要画也不可能在短时间内完成，故而打消了在此作画的念头。在对四周的景物拍照数张后下楼。

　　告别留在文昌阁的众人后接着去后山寻找可以坐下来画画的景点。

　　沿仁寿殿北侧小路，经过紫气东来阁和谐趣园宫门，又顺着后溪河岸边往西走到后山花承阁遗址。看到这里游人相对稀少，只有一些锻炼的附近居民，即决定上午先在这里转转，画张琉璃塔的写生。

画画前先在花承阁遗址上转了转，看看与五年前相比有何变化：清漪园时期的花承阁建筑今已不存，只留下表明当年建筑平面标高的三块台地和一些装饰性构件，其中最有价值的是位于主殿北侧院内的赏石基座，在基座的四面用上好青石雕刻有海浪和海兽等的浮雕，显得神异而精美，体现出清朝初期的审美取向。这次看到园方已经用四块钢化玻璃把基座的四面保护起来，这样既不影响人们观赏，也可以防止一些人为破坏，只是拍照时会有一些反光。

以往的画家往往选取由上往下的视点来画琉璃塔，主要原因是平视和仰视角度都有近景树木干扰，很难组织画面，但这种俯视的构图会把部分塔身处理在视平线以下，体现不出琉璃塔的高耸之感。后来选在靠近琉璃塔的东侧遗址平台上的一个视点，基本可以平视琉璃塔和塔前的牌楼，只是左侧还有一段分隔两者的围墙，现场中的视角比较局促。画到 10 点多收工，效果还满意。

画完画，想到这里距赅春园遗址不远，就快步赶往那里，主要是想再看看乾隆的题记"清可轩"三字和附近的景物。

在《乾隆皇帝咏万寿山风景诗》中关于清可轩的题咏有 48 首，是单体建筑题咏最多的地方之一，其诗文中就有"山阴或不来，来必憩斯轩"的句子，可见乾隆对这里的喜爱；据考证，在这栋一半建入天然岩石中的三开间建筑中，当年室内不仅设有树根式书案和宝座，还摆放有竹炉、茶具架等饮茶道具，实际上成为皇

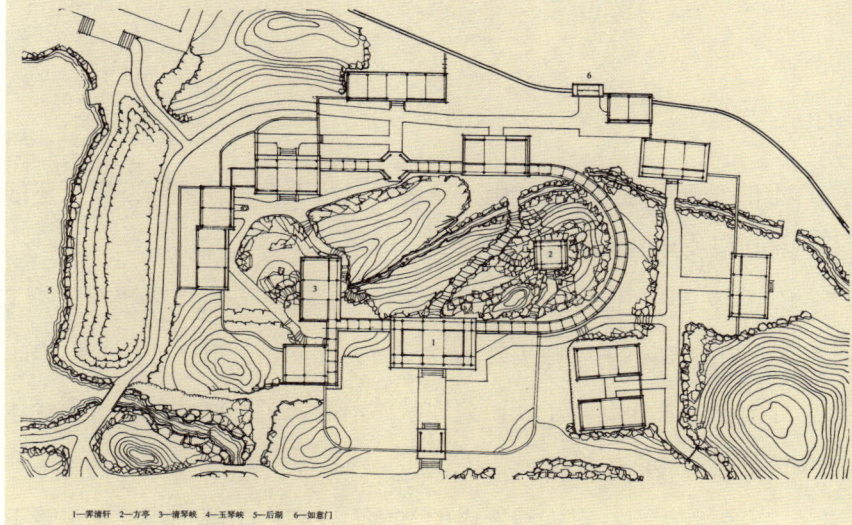

1—霁清轩 2—方亭 3—清琴峡 4—玉琴峡 5—后湖 6—如意门

帝设在后山上的专用茶室。乾隆十八年的一首诗中提道：

> 萝径披芬馨，林霏入翳蔚。
>
> 岩居夏长寒，况经好雨既。
>
> 散花作静供，烹茶学幽事。
>
> 绿纱开我牖，西山吐云气。
>
> 望雨如望蜀，无厌宁自讳。
>
> 终是忧劳人，永言意所寄。

如果从茶室环境的角度看，茶室一边贴近石壁，历年的题记刻石已使石壁更显出苍古之感，一边可以眺望附近的农家田畴，应该是设置茶室的绝佳地点。对面积不大的赅春园而言，小园林中的空间有奥有旷，冬暖夏凉，占地虽少而得景很多，难怪乾隆皇帝会如此喜欢这里。

现在赅春园遗址的最上一层平台上，依然可以找到刻在石壁上的"清可轩"题记，但建筑部分已经不存，在内侧石壁上还依稀可以找到当年的部分石刻。

　　下午随小王老师去霁清轩，因天气太热，出了住处大门后叫了一辆出租车，车子在西苑地铁站前面绕了一圈才过去，省些体力好进行后面的工作。

　　因昨天已经对霁清轩内的整体面貌有所了解，就没有跟着王老师查看学生的测稿，而是选在入口八角亭的北侧游廊里作画。主要景物是透过近处的古树和假山来看山石上部的霁清轩建筑，左侧上方的假山和方亭作为暗面处理。写生画得还算顺利，其间有个在这里工作的小伙子来看画聊天。

　　他介绍说："这里长期归政府部门管理，也不对外开放，所以这里的古建筑得到较好的保护，基本没有遇到人为的破坏；目前的接待任务也不是很多。"聊天中他提议说："老师，我们这里景窗上的玻璃画有些没有了，能不能给我们画画？"我转头告诉他："我现在画的是水彩颜料，玻璃上的画是油彩，两个不是一回事。"

　　留意细看游廊景窗里的绘画，尽管画的是折枝花卉的题材，但画得很见功力，当是一些老艺人所为。

　　下午4点以后一股溪流由石壁上方的右上角婉转流下，在眼前转折后再向东流去；这股溪流不仅增加了庭院里的活力，也多少吹散了暑气的闷热，使人感到凉爽许多。更让我见识到现实中清琴峡的魅力。

　　仔细研究清漪园时期的惠山园，可以发现为了模仿无锡的古

上：站在北侧游廊看假山上的方亭和右侧的霁清轩。现场画的水彩写生就选取了这个角度。

下：由游廊西侧所得景观：右侧为假山和方亭，左侧为游廊。

园，设计时由后溪河引了两条溪水进入园中园：一条经过玉琴峡由西南角引进谐趣园中部的水塘，一条引入霁清轩的清琴轩建筑后形成由上至下跌落的溪流——清琴峡。由于清琴轩的位置较高，估计当年需用机械装置才能把水位提升上去。目前，玉琴峡水道已经停用多年，人们也已无法想象谐趣园水面与后溪河的联系；刚才流经清琴峡的溪水估计也不是由后溪河引入，而更可能是一条人工水系。

由于这里不对外开放，院子里显得很安静，也有利于我们的测绘或写生。

食堂的晚餐安排在晚上6点，看看时间不早了觉得应该往回走。离开前看到一些男同学在八角亭中正在测量建筑剖面上的一些尺寸，架好梯子后老师先上去绑了安全绳，然后一名学生爬上去垂尺测量，研究生小李在下面读皮尺上的数据。

后来一位在这里测绘的学生对我说："以后来怀旧，想进大门都难；只能希望我们班上某位同学能做到副总理以上的职位了。"

晚饭时与小王老师、阿龙在食堂喝了几瓶啤酒，回到住地后又坐在院内的大木桌周围聊了一会儿天，后来看到同学们要在桌子上整理测稿，就回到床上早早躺下休息。

夜里醒过多次，天气很是闷热。

25

鱼藻轩，西所
买卖街，大船坞

（2011 年 7 月 10 日，周日，阴转晴）

原来听说今天阿龙等要用仪器去测绘万寿山西南角的石舫，本想搭他们的小车过去，不想吃完早饭才见到阿龙的影子，等他吃完还得一段时间，为了多些时间游园就一个人背着画具往那边去。

沿着昆明湖湖边溜达的过程中，也发现些可以作画的地方：长廊沿线是很难作画的，游人是走过一拨又来一拨，两边的座椅上也多坐着走累休息的游人，加之导游介绍的喇叭声，如同农贸市场般嘈杂。仅仅在长廊西段、画中游东北角看到一个小院（云松巢）的垂花门可以入画，这里游人稀少，猜想有夕阳照过来时的光影效果会更好，适宜用水彩颜料来表现。

如果沿着长廊由东向西走，过了秋水亭不远就可以看到一个突出于昆明湖湖岸的三开间开敞式建筑，目前作为游览昆明湖的游船码头使用。从这里驶出的游船，经过龙王岛后停泊在十七孔桥附近的码头上。这样，既可以节省游人的体力，也可以提供一些从湖上欣赏两岸风景的机会。这个被称作鱼藻轩的单层建筑在清漪园时就有，为昆明湖上的点景建筑，在一些以万寿山为主景的全景照片中可以发现这座水边建筑。

　　从排云殿前的码头西望，可以看到这样几个风景层次，其一是相隔一段水面的鱼藻轩建筑，其二是西堤和西堤左侧的桑苎桥，最后一个层次是位于两栋建筑之间的玉泉山和更远处的西山。如果站在鱼藻轩内向西看，这里则成为饱览西山的一处绝佳地点：建筑西侧柱间和柱间上方的额枋、雀替正好框出一个景框，景框内是隔着一片湖水的玉泉山和山上的多檐塔，这里也成为古典园林中借景手法的一个典型范例。

　　驻足湖边，想起这里是王国维辞世之处，不由泛起几分伤感。

　　民国年间（1927 年 6 月 2 日），王国维在这里投水自尽，对其死亡原因的种种猜测，据说已有 28 种之多。

　　王国维一生的学术成就斐然，其中尤以甲骨文、考古学和戏曲史为巨，其中对甲骨文和传世金文的研究成果，使中国有文字可考的历史向前上推了近千年，他也因此被誉为甲骨学的祖师级人物。但对普通文化人有影响的还是其《人间词话》和一些美学论述，令人耳熟能详的是作者借用宋人词章概括的三个"为学境界"：

上：从昆明湖中看鱼藻轩，建筑成为打破昆明湖北岸单调岸线的点景建筑。

下：鱼藻轩内西望景观，可以看到远处的玉泉山，是古典园林中借景手法的典型案例。

第一个层次，"昨夜西风凋碧树，独上高楼，望断天涯路"。表达学者因找不到方向而产生的彷徨与苦闷。第二个层次，"衣带渐宽终不悔，为伊消得人憔悴"，说明当找到研究方向后，学者们要有毅力和耐性坚持下去，要耐得住贫寒和寂寞。最后一个层次，"众里寻他千百度，——蓦然回首，那人却在，灯火阑珊处"，当事物经过由量变到质变的转化后，你会发现"一法通"而"百法通"，对所研究的内容和本质有豁然开朗之感。

只是在现在社会、这个以"效益"和"指标"评价学者水平的体系下，估计是很难产生王国维那样的学人了。

在同代人的评价中，王国维曾作为"有希望的"旧式学者的代表，胡适在 1922 年 8 月 28 日的日记中说：

> 现今的中国学术界真凋敝零落极了。旧式学者只剩王国维、罗振玉、叶德辉、章炳麟四人。其次则半新半旧的过渡学者，也只有梁启超和我们几人。内中章炳麟是在学术上已半僵化了，罗和叶没有条理系统，只有王国维最有希望。

对后世学人来说，检视王国维的一生成果，曾有人感叹：不观王国维之学问，不知大师之大，高山之高。

近来在网上查到《看历史》杂志上的一篇文章《王国维之谶》，其内容主要采访于现在生活在台湾的王国维女儿，以及从他女儿口中谈及的其他王氏后人。依他女儿王东明的描述，王国维之死是"国事"与"家事"相互影响的结果：

> 早在"五四"时期，对"社会运动"常怀恐惧之心的王国维就曾告诫子女要远离政治漩涡，他担心在激进思潮和激烈政争的催化下，"最可怕之社会运动恐亦有之"。当时又有谁能料到，他这番"预言"竟然一语成谶，自己的子女亦因此卷入时代漩涡。
> 1925 年，清华国学院成立，王国维积累了多年的学识终于遇到了发挥机遇。动荡的乱世中，在梅贻琦等人的努力下，清华园为一批学人营造了安宁的治学环境，王国维的一生成就，也在这

里达到巅峰。

到了1927年，不断传来的关于北伐的传闻更是让王国维忧心不已。在"社会运动"的浪潮中，湖南学人叶德辉被"特别法庭"枪毙，冯玉祥的兵锋也指向了北京，几年前，正是在冯玉祥部队的"保护"下，在紫禁城内任职"南书房行走"的王国维被迫"护驾"逊帝溥仪出宫——当"社会运动"来到北京，他是否会有和叶德辉一样的遭遇呢？

关于"家事"，王东明说，"父亲最爱她大哥王潜明，但不幸的是王潜明却于1926年感染伤寒症去世，此事给了父亲很深的打击，此后，一家人便很少再看到他的欢颜"。

经过鱼藻轩，沿着长廊继续往西走就来到长廊的尽头——石丈亭，这栋建筑在乾隆时期为点景建筑，现在为出售快餐和小商品的地方。绕过石丈亭的北侧继续沿小路向北走，可以看到小路西侧的浮青谢和寄澜堂。这时的小路左侧相对开敞，除了一栋曲尺形的临河殿建筑就是万字河水面了，而在万寿山的东侧山脚下，傍山建有一排建筑，有两层的延清赏楼和一层的斜门殿、穿堂殿等。

位于石舫和石丈亭之间的寄澜堂为四开间，在过去是一个很重要的船码头。由于帝后游览昆明湖的大龙船不能通过附近的荇桥和后溪河东端的半壁桥，而必须改乘画舫才能继续前行，从水上游览西所买卖街和后溪河，这里也就成为由大龙船换乘画舫的"船站"。有时，帝后等会在寄澜堂内小憩，稍作停留，故而在这

栋建筑内还设有一间值房供侍卫和首领太监们使用。

清漪园时期，现在临河殿附近建有密度更高的临河建筑，被称作西宫门买卖街或西所买卖街。其位于石舫以北直到宿云檐城关的湖岸之上，与后溪河买卖街一河两街的形式不同，这里采用了一河一街的布置。慈禧重修颐和园时，没有恢复西所买卖街，而是改建成现在的布局形式。

连续画了三天画感到有些累，今天不想画太复杂的建筑，只想换种绘画的题材，轻松一点的。

尽管已徘徊到石舫附近，围着这栋水上建筑转了一圈也没有画兴；这样的石头房子画不好就会被细节吸引，结果会画得很细碎。又沿着船坞附近走了一圈，后来在临河殿北侧找到一个突出于水面的平台，决定在这里以大船坞为背景画张风景画，近景和中景是水中盛开的荷花。后来想一下这里实际上是原来西所买卖街的中心位置，也许是西太后等人舍舟登岸的小码头。

这个码头平台很小，只能放下五六个人。

右：在西所卖街遗址上所作写生：近处为万字河，
远处为万字桥和大船坞。

左：万字河和大船坞。

　　刚到这里时，平台上有个中年汉子在垂钓，待了一会，问我
现在的时间后收拾东西离开，他自己说早上 6 点多就来了，看他
的水桶中只有几条钢笔长短的白莲，神情很是满足地离开，感到
如果把绘画也看成像钓鱼一般的活动和爱好，而不去计较绘画的
得失，应该是件很快乐的事。

　　画得还算顺利，虽不时有年轻人带着小孩来观看，但因平台
面积实在太小，容不下几个人，对我的干扰亦不大；还有人认为
我是"走江湖"的，开口就是"这画卖不卖"、"多少钱"之类的话，
对此还得解释几句。有个小女孩跑过来几次，看她不像游人就与
她聊了聊，她告诉我她父母租了附近的摊位在这里做生意，晚上
就住在园子里。

　　时近中午，当我收拾完东西准备离开时，在路上碰到阿龙和
小朱、小吴扛着仪器和梯子从石舫方向往船坞方向走，真想不到会
在此时此地碰到他们。得知他们要把梯子等物件送到船坞测绘点
时，就帮着他们拿仪器，并随着他们把梯子搬到船坞东面的院子里。

在院里绕过一些正在吃午饭的工人，经过院子西北角的空地绕到船坞的西侧内部。

借着等他们去里面送梯子的空当，得以仔细地观察和了解船坞的内部空间。

船坞内的屋架很高，还保留着当年留下的、刷有红色油漆的"门"字形木构架，使室内散发出一种暖色调；半封闭的室内中间是与外部相通的湖水，水中停泊着几艘带顶篷的机动船，现在船坞的东部设有一个游船码头，这几艘船也许是为特殊情况准备的。

清漪园时期，大船坞仅有正对万字河水道的一间，现在的三开建筑，左右两侧都是光绪时期扩建的。

大船坞的水池四周设有一圈一米多宽可以行人的边沿，在里边行进只能走在这种石台上，看着脚下湖水涌进涌出的样子，感觉上还是需要些胆量，一旦落水不仅摔得不轻，而且极有可能溺水，这里与鱼藻轩附近一样，水面下充满淤泥。

在船坞里外拍了几张照片，等他们出来后就一起乘阿龙开的汽车回到三队食堂。

下午的天气由上午的漫阴天变成大晴天，晃得人睁不开眼睛；午休后觉得有些累就没再进园子画画，在住地院子中间的大木桌上翻看带来的研究生写的小论文。

住地的室外环境已有很大改善，颐和园管理处特地做了一个三米来长的木桌放在院里，还在桌子上空拉了一条挂灯泡的电线，在厕所建筑的西墙上钉了一块白色板子，晚上讲课就可以把投影打到墙上。没人讲课时桌子两边也坐满了学生，大家整理测稿和聊天，很有集体生活的气氛。

晚饭后进园子闲逛，想找找明后两天可以画画的地方。在大戏楼西面的上山路上看到两边的屋顶变化很奇妙，有很多飞鸟在建筑的上空徘徊。过去在北京城里生活着许多雨燕，它们往往栖息在民居建筑的屋檐下、古建筑的屋檐下和大树中，近些年城市中平房数量减少，古建筑的屋檐下加设防护网，特别是城内树木的砍伐等都影响着雨燕的栖息，在古城中已经很少看到这种成群的燕群了。

面对这些很难见到的雨燕，得了一副对联的上联——真格山上憩夕阳云绕燕双逸，一时未对下联，总要与颐和园的景物贴合为妙。

在宜芸馆北面的廊道里看到一个艺人在摆弄身边的各种乐器，边拉边唱，实际上此时游人已经散得差不多了，颇得自娱自乐之趣。

在知春亭附近停留较久，坐在知春亭柱子间的横板上，听着旁边吹笛艺人吹出的各种小曲，感到白天的暑热正在慢慢散去。现在晚上颐和园的主要景区要清场，8点半以后路边的喇叭会连续广播几次，至9点前后，主要景区内的游人和居民都会离开文昌阁以北地区，据说夜里文昌阁的大门会落锁，很有古代城门的作用了。

出了文昌阁大门就走在昆明湖的东堤上，可以通往新建宫门，这时看到日头落山，消隐在西面玉泉山一带蓝灰色的雾气中。

回到住地，翻看有关王国维就职清华大学国学研究院前后的一段历史。在上个世纪 20 年代的北平城，既有活跃于北京大学的一批文化学者，以李大钊、陈独秀等为代表，催生了《新青年》杂志和后来的"新文化运动"，又有一批坚守传统的清华国学院导师，以梁启超、王国维、章炳麟等为代表，并影响到后来的吴宓、陈寅恪等学者，共同构成了民国时期的一道文化风景，一批新旧共存的学者群。

在清华国学院创办初期，国学研究院主任为吴宓，四位导师为梁启超、王国维、陈寅恪、赵元任。在末代皇帝溥仪居住在紫禁城里时，王国维曾任宣统时期的五品衔"南书房行走"之职，算是皇帝的老师之一。当溥仪被逐出皇宫后，王国维也就失去了陪伴清帝的差事，只好在家中著书度日。

当胡适和吴宓代表清华校方分别向他劝说和礼聘后，王国维曾去天津张园面见逊帝溥仪，在得到"面奉谕旨命就清华学校研究院之聘"后，才下决心接受聘书，并于 1924 年 4 月 18 日，携家眷迁往清华园居住，就任国学院教授一职，其人做人行事很讲究旧式礼仪。

胡适后来回忆对王国维的印象："人很丑，小辫子，样子真难看，但光读他的诗和词，还以为他是个风流才子呢！"

26

玉琴峡，
霁清轩一角，
谐趣园假山

（2011 年 7 月 11 日，周一，晴）

　　早晨在南墙下洗漱时，发现一只半大的狸花猫从东侧人群下边跑了过来，很快地沿着身边的树干爬到院墙顶，然后悠闲地沿着墙顶走了一段猫步。同学们对这只生灵的快速行动能力很赞叹，一边继续排队等着空下来的水龙头，一边窃窃私语：

　　"要是安排小猫上去测量就好了，它既不怕高又能在屋顶上行动自如。"

　　"只是谁能告诉它上去之后干什么呢？它又把测量工具带在哪儿？"

　　"先让它来我们这里听听课，受受教育呗。"

　　大家轰然一笑。测绘到第五天，看来同学们是有点累了。

上：霁清轩的西端建筑，为嘉庆时重修谐趣园时加建。

下：由后溪河引向谐趣园内湖的水道——玉琴峡。

今天的工作地点选在谐趣园西侧小路北端与后湖接口附近，也就是来颐和园当天傍晚大家熟悉地形的地方，这里的一段被假山围合的水道被称作玉琴峡，属于霁清轩测绘小组的测绘范围。由这里可以看到霁清轩西侧围墙和西侧的建筑，近景则是一片土坎和土坎上面的松树。霁清轩的西侧一角很像农家小院，有几种颜色艳丽的花草由院墙上探出头来，给画面增加了一些青春气息。

这个西侧带小院的建筑在嘉庆重修后（1811 年）的题名为军机处，也是重修时添加的建筑，应该是方便近臣临时休息的地方，由于这里距离皇帝和太后的寝宫较近，可以随时准备与皇帝商讨军国大事。有专家称：嘉庆时皇帝曾在载时堂（现称知春堂）召见过军机大臣。[①]

清漪园时期，后溪河东端与东侧的谐趣园没有空间分隔，沿着山坡下的小路经过一座平桥即可到达谐趣园里的后山，后溪河内的河水也可以通过层层跌落而流进谐趣园内的小湖，从而产生如同寄畅园八音涧的音响效果，所以才有了玉琴峡的名字；目前连接后溪河与谐趣园水面的玉琴峡已经干枯，露出很深的一段水道。究其原因，园方早已在后溪河的出水口处添加了一个木制闸板，阻断了后溪河水流向东侧谐趣园水池的流动。

现在因为谐趣园区域有固定的开放时间，就用一米多高的铁制栏杆将谐趣园围了起来。

画了一段后，就越过栏杆下到玉琴峡的水道里，欣赏裸露在石壁上的刻字，记有"松风"、"萝月"、"川流不息"等，在玉琴峡正常使用的时候，可以想象这里的青松、皓月、水声与松涛之声的和鸣，可以想到李白的佳句：弯月挂朝镜，松风鸣夜弦。

据说这些字都出自慈禧太后手笔，笔力强健。据清皇室家族成员溥雪斋在《晚清见闻琐记》中回忆："（太后）晚饭后到仁寿殿写大字，如四尺的福寿字等，写完几幅后，照例还有一顿夜宵……"[②] 这些字幅一般作为赏赐朝中大臣的礼物，前些年在拍卖场中还时有所见；2008 年 6 月在上海某拍卖公司组织的一场拍卖

---

① 刘若晏，《颐和园》，国际文化出版公司，1996 年 10 月第 1 版，第 111 页。
② 溥雪斋述，溥杰记，《晚清见闻琐记》，刊于《晚清宫廷生活见闻》，文史资料出版社，1982 年 9 月第 1 版，第 49 页。

中，盖有慈禧太后御用之宝的书法镜片（2平尺）曾以1.5万元成交。

　　作为一个27岁开始守寡、实际统治中国四十多年的妇人，慈禧太后应该具有非凡的忍耐力和毅力。一些回忆显示，为了排解心中的孤独寂寞，她更多时候是通过看奏折来消磨时间。

　　坐在这里画画很是安静，附近只有一些来公园锻炼的居民；隔着树林不时飘来一阵阵京剧的唱腔，音色时而婉转，时而高亢，开始以为是专业演员在霁清轩中唱，后来觉得时间不对，哪有上午就开锣的呢？附近打扫卫生的老人告诉我：这是一个老头在河对面的眺远斋中唱青衣，已经唱了几年了。

　　眺远斋建筑为慈禧重修颐和园时新建，是为慈禧太后在每年四月初八眺望围墙外大有庄的庙会而修建。在清漪园时期，乾隆皇帝从圆明园来这里时，多从现在霁清轩北侧的如意门进园，那时的园外村庄叫穷八家，乾隆下令改为今天还在使用的村名：大有庄。

　　画面画着画着就有了中国画的味道，当我快画完时，一个老者边看边赞道：景色幽静，有味道；难得难得！待我转身去看时，老者又突然不见。只看到一只黄猫穿过铁栏杆，缓缓走向谐趣园后山。

　　仿佛是受到这个生灵的暗示，收拾好画具后，我经过一段石桥来到谐趣园后山一带徘徊，欣赏这里的人工叠石。

　　现在瞩新楼和涵远堂之间已经用一段游廊连接，游廊和涵远堂北侧有连绵不断的假山相围合，其中游廊北侧采取了"石包土"

的叠山手法，涵远堂后面则是一块北太湖石假山，建筑与山石之间就是惠山园时期的寻诗径一段。

据园林专家考证："惠山园的北太湖石假山系模仿无锡的寄畅园，后者为明代旧园，康熙年间张南垣之侄张钺曾加以改建，因此，这南北两处假山的师承关系是明显的。"[①]

从这段假山的堆砌章法来看，基本是石包土的"平岗小坂"和"陵阜陂陀"的手法，从中可以看出如同山水画般的皴法向背和脉络气势。而这种叠石方法的使用与明末的叠石家张南垣、计成有关，也与张氏传人北渡，在京城形成"山子张"的家族性匠师群有关。

在清史稿中有这样的记载："张涟字南垣，浙江秀水人，本籍

---

① 清华大学建筑学院，《颐和园》，中国建筑工业出版社，2000 年 8 月第 1 版，第 69 页。

江南华亭，少学画，谒董其昌，通其法，用以叠石堆土为山……四子皆衣食其业。晚岁，大学士冯铨聘赴京师，以老辞，遣其子往，康熙中卒。后京师并传其法，有称山子张者，世业百余年未替。"[1]

张南垣的儿子张然于清初到北京，开始时为许多公卿、士大夫构筑私园而名噪一时，"康熙年间应召供奉内廷，主持了玉泉山、畅春园、南海瀛台等处的叠山工程，以后即世代相传而成为北京著名的叠山世家'山子张'"[2]。有学者认为："'山子张'从康熙到乾隆年间百余年来世承其业未替，故惠山园的这段假山很可能出自山子张的第三或第四代传人之手。"[3]

在园林史中，从清初发展起来的张南垣、计成一派，他们运用石包土的土石山手法再现了大自然的真山一角，创造出有如截溪断谷的"平岗小坂"、"陵阜陂陀"等意境，有别于宋元以来叠山家对真山全貌的小尺度模拟和缩移。

实际上，在颐和园内很多景区的假山身上都可以发现"山子张"的手法和影响，成为与样式雷同样重要的匠师系列作品，只不过样式雷家族保留下来的是大量工程图等文字档案，而山子张保留下来的是实际叠山作品。文字图档已经作为"国宝档案"得以宝藏，而山石等实物由于体积庞大，放置于露天，难免会受到风雨剥蚀和人为的破坏。

---

① 见《清史稿·列传二九二·艺术四》。
② 曹汛，《清代造园叠山艺术家张然和北京的"山子张"》，中国建筑学会《历史与理论》第2辑
③ 清华大学建筑学院，《颐和园》，中国建筑工业出版社，2000年8月第1版，第71页。

　　下午原想画张远眺文昌阁的远景，带着画具在知春亭附近徘徊再三，还是觉得太过复杂而作罢，转而去画东北角的玉澜堂大门和近处的游船码头。时间和事物变化得真快，五年前划过的木桨木船目前在昆明湖里已经看不到了，游船都已经被带顶篷的脚

踏船所取代，一种慢生活被快节奏所取代了。对画人而言，这种脚踏船的行进速度更快，刚落笔是一个身段，转眼又是另一个造型了，只能凭着记忆和印象作画。

画到下午 5 点左右结束：画面速写性较强，画出了反光强烈的水面和后面清幽的园林、远山。近景中有成片的荷花，这是第二次画荷花，昨天在船坞附近画的应该是第一次。

5 点多有夫妇两人拿着钓具要坐在我前面钓鱼，问他们可否换个地方钓。男子先摇头，然后很无辜地指着下面的水草说："下面是我白天'打'的窝啊！"只好尽快收笔，将地方让给这对"渔人"。

收拢画具后就坐在这里看他们钓鱼。这里的鱼真的好上钩，以尺八长的白鲢鱼居多。一会儿工夫已有收获。

晚饭后搭阿龙的车去附近六郎庄的浴室洗澡。

在闷热的暑期进行古建测绘，每天的活动量很大，流的汗水也多，既要在测绘点爬梯子、钻山花（梁架内部），又要从住地赶到测绘点，有的测绘点较远，走过去就要半个多小时，先就出了一身汗。所以每次测绘前，带队老师都会讲讲在哪儿能够洗澡。

2006 年在颐和园测绘时可以借用三队办公区的一个简易浴室冲凉，而这次则只能师生自己解决，也就是自己去六郎庄地区的大众浴室洗澡。现在的住地（新建宫门路口）距离六郎庄主街并不远，只有一站多路，先沿着昆明湖路向南走，到六郎庄西口后拐向东侧街道，里面很像是一个小村镇的格局，主街上既有超市和饭馆，也有在门前摆摊、出售各种水果、小商品的夜市。向东走几百米可以看到一家家庭浴室，每人一次收六块钱，送一袋巧克力大小的洗发水；老板娘看来已经习惯了我们这些常来的学生，告知我们还可以买联票，价钱能便宜些。

几乎每次来都会碰到我们测绘的男女学生，时间出来的差不多的，就叫上车一起回去，后排挤挤可坐三个人；尽管六郎庄距离住地不远，但暑期闷热，如果从六郎庄走回去又得出一身汗。

27

谐趣园，
畅观堂，
西堤上的桥

（2011 年 7 月 12 日，周二，阴）

　　早晨起床后看到天色有些阴沉，要下雨的样子，就往工具包里加了一把折叠伞，想着一会儿得找个好避雨的所在。

　　三转两转又转到谐趣园中，在东南角找到一个视点，可以透过近处的石桥和引镜轩的门洞看到知春亭和西官门（谐趣园大门）一带，空间的层次感很丰富。这里位于饮绿亭（水乐亭）西南角的一块空地上，因南端为尽端路，来这里的游人并不多。

　　不由得想起梁思成在上世纪 50 年代画的谐趣园写生，画面中以一些建筑组织画面，近景是连接谐趣园官门的游廊一角以及池塘里的荷花，中景部分是知春亭和透过知春亭看到的引镜等建筑。用水彩来表现荷花是有难度的，主要因为荷花花叶与茎秆之间的交叉纵横，非经过画师的抽象整理才不显得杂乱，加之古建筑上的众多构件和缤纷色彩，要把这些客观物象和谐地表现在一张画面里绝非易事。

在建筑界，老一辈建筑师中许多人都画得一手好画，像同样留美的杨廷宝先生、童寯先生，他们的水彩写生画即使在今天看来也可以当作描绘古建的经典作品；只是随着时代的加速发展，现在的建筑教育把这些费时费力、应该坚守的东西都放弃了。

当在知春亭和引镜的外廊里寻找绘画对象时仿佛看到澄爽斋的外廊下就坐着一个中年人也在画画，仿佛有一双眼睛也在关注着我。

后来看到一本林洙写的书《梁思成、林徽因与我》，书中有一幅梁思成的侧身照，背景就是夏季的谐趣园，其中标注：林徽因去世后，孤独的梁思成在颐和园的谐趣园养病。①

1955 年在建筑界和文化界开展的"对以梁思成为首的复古主义建筑理论的批判"不仅仅对梁思成的个人命运产生很大影响，也给建国后延续的一段"古建研究热潮"画了休止符。最直接的影响之一是清华大学图书馆和建筑系所藏的各种古建模型的命运，目前所知，当时由营造学社移交给清华的这部分样式雷烫样只有一件保留至今。据知情人回忆：

解放初朱启钤先生请人制作的一些古建筑构件和一些样式

①　林洙，《梁思成、林徽因与我》，中国青年出版社，2011 年 1 月第 1 版，第 322 页。

雷图样、烫样，曾在清华大学图书馆保存。一开始曾作为展出品供学生观摩，1957年批判复古主义以后，就不准再看了，堆放到清华学堂老楼小阁楼仓库。"文革"时难逃厄运，有的被从小阁楼抛下，有的在"打派仗"时被当作攻击武器往下扔。其中还包括一些用硬木做的各朝代斗拱模型，是朱启钤先生找老工匠做的，也都被毁坏了。[①]

清华大学建筑学院收藏的样式雷图纸和烫样，是由中国营造学社移交的……林洙女士还向我们介绍：建国初期藏有不少烫样，后来在历次运动中，放置烫样的地方多次搬迁，加上个别有权有势的人并不认识烫样的价值，就把他们当成小孩玩厌了的积木一样丢弃了。如今幸存的少量图档，全是有识之士想方设法保护下来的。[②]

近来画画觉得工具摆得是否顺手很重要，现在多是坐下来画，往往把马扎当成放水彩盒的地方，身体下面再找几块砖块或石头垫一下。在这里，就找了两块石板当坐垫。

画面中位于中景位置的山墙是引镜的外墙局部，实际上，这座建筑是一座勾连搭式建筑，是两栋三开间建筑并联在一起，现在作为出售旅游纪念品和小食品的商店，在饮绿亭的南侧水面

---

① 陈佳立，《林洙女士访问记》，收录于《建筑世家样式雷》，北京出版社，2003年6月第1版，第348页。

② 葛芸生，《电视片〈探访样式雷〉编导散忆》，收录于《建筑世家样式雷》，北京出版社，2003年6月第1版，第376—377页。

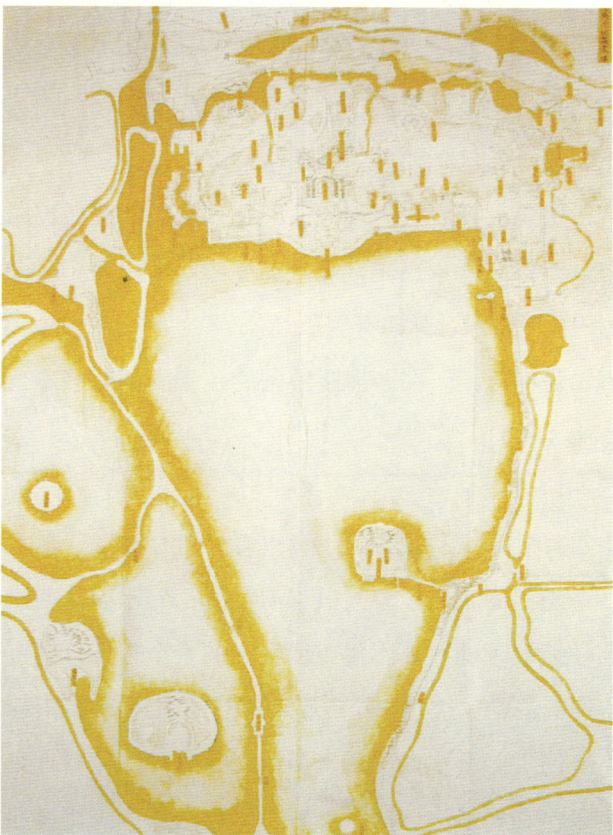

上：样式雷图档之一，清代定东陵地宫烫样，现藏清华大学。（来源：展板翻拍）

下：样式雷图档《清漪园地盘图》，现藏国家图书馆。（来源：展板翻拍）

上还可以发现一条废弃的木船；画面前景的石桥下面是谐趣园湖流往东宫门外水系的一部分，由于在东宫门前月牙河与谐趣园之间的河道已经被后建的建筑所分隔，人们已经无从感受这条水系的完整。从目前保留在国家图书馆内的样式雷图档《谐趣园全图添修桥座开挖河桶船坞》来看，有一段说明文字在后面提到："引镜东南小木板桥，大船坞七间，若干值房为当时刨山脚所添建。"从图上看，这条水道也一直向南延伸。

在另一张保存在国家图书馆的《清漪园地盘图》上也可以发现整个水系的贯通；当时整个园中水系是贯穿成整体的，这条水系向南与东宫门前金水桥下的水系接通后又继续向南流，直到位于文昌阁东南角的水闸下，然后流出颐和园。

只是这条水系后来出现阻断，在光绪时期，谐趣园湖中的水道已经与东宫门外水系出现隔绝，变成两段水系了。东宫门外影壁前的一段水道被称作月牙河。

不知是何原因，在谐趣园中画的几张画都有些颜色偏暖，也许是心绪柔和的缘故吧！

从水系上讲，颐和园中有五个湖，分别为：大湖、养水湖、西湖、后湖、谐趣园湖。一般游人很难游览的是养水湖和西湖。这次测绘点离住地较远的地点不仅有西堤上的六个古桥，还有位于养水湖南岸的畅观堂。这些测绘点距离文昌阁附近食堂和住地都很远，走陆路来回近一个小时，后来测绘老师与颐和园管理处协商，中午派一条机动船给这些同学送午餐；据团委小王讲，船走水路距离是近了，但也会遇到各种问题，由于测绘点附近没有人工码头，水岸附近又多水草，船上的螺旋桨一旦被水草缠住，船就不走了，有时距离岸上只有几米也靠不上去，很是急人。

后来与测绘西堤六桥的同学聊天，得知他们每天去西堤也是走水路，先在十七孔桥以南的码头乘游船，坐到景明楼码头下船，可以节省许多体力和时间。

来颐和园多次，但到畅观堂游览的次数不多。

下午阿龙要去畅观堂送测绘仪器。3点左右就随小王、小阎一起搭车过去，他们计划去那里拍照，我则想详细了解一下畅观堂的布局情况，有时间再画张画。汽车先沿着昆明湖路往南，然后转向西边的一条简易道路，拐了几次才开到颐和园西门。

畅观堂的主体建筑位于一个五米左右的土丘上，土丘四周有用黄石堆砌的台阶和假山，四周和山上生长着杂树和花草，显得很清幽。在山下与王、阎二人分手，我去山上选点，他们去西湖附近照相。

山上的主体建筑呈"U"字形，东面开敞，其他三面都有建筑，建筑之间用游廊相连。这组建筑在乾隆时期就有，那时清漪园没有西侧围墙，在建筑中既可以欣赏湖景，也可以看到附近农夫耕作，后一目的更强些。乾隆曾在这里召集大臣举行"观稼诗会"，兴盛一时。他在《畅观堂口号》一诗中写道：

畅观岂为观佳景，都在水田陆亩间。

一雨油然生意勃，心诚慰更放应闲。

可惜的是，在光绪十四年（1886）以后，为了加强宫苑的防卫，慈禧命人增修了围墙；目前颐和园的西侧已非大量农田，游人到此也已很难体会几百年前的意境。从史料上看，原来土山的东西两侧还有睇佳榭和怀新书屋，慈禧重修时未照原样重建。

在这里往北眺望，只看到眼前的大片芦苇和远处的西堤，由于雾气蒸腾，只能看到更远处的万寿山轮廓。如果仔细分辨，可以分辨出西堤上的镜桥，看到位于方拱桥身上的攒尖顶八角亭。在西堤六桥中，除了玉带桥的形式比较特殊外，其他的五座桥都具有一些相似性，都是在三折桥身上又加设有不同形式的桥亭，以重檐顶居多，有攒尖、歇山、卷棚等不同样式。尽管西堤是乾隆仿造杭州西湖上的苏堤建造，但比之苏堤桥梁的交通功能，这里的桥梁具有更多的点景功能。

据说镜桥是根据李白的诗句"两水夹明镜，双桥落彩虹"而命名，乾隆的诗咏则说明了"人在赏景，人在画中"的意境：若道湖光宛是镜，阿谁不是镜中人。

先在主体建筑附近转了一圈，没有看到测绘的同学，也没有看到让我心动的景点，后来在土山与湖面之间的小路上选到视点：画面上可见三个建筑，与视线基本平行的有两栋，画面上方有一栋，中间有棵穿插上下的老树。

尽管我坐的地点在一条小路的边上，但游人稀少，少量的背包客也是看一眼就走；只是这里靠近湖边，苍蝇和蚊虫很多，不时地在皮肤上涂抹些风油精才能坚持一会儿。

画到快收工时，有一个老师模样的中年女子和两个女学生从山路上下来，一名女孩借我画笔摆姿势拍照，同伴说："把你留下给老师当书童吧！"另一人接道："那还不是试用两天就退回来。"言辞有趣，如同《聊斋》中人物的对话。

下午 5 点半以后随着阿龙的车回去。

上车前在土丘的西侧拍照数张，此时，阳光照在黄石堆砌的石壁上，反射出一种迷人的金黄色；从下面仰视，隐约可见掩映在树木之间的畅观堂的屋顶。不由想起早年在游览蓟县盘山时填写的"满江红"后面几句：人皆去，尚存余景，日落空楼。

想不到这几句词倒是和此时此地的场景相契合。

早在"文革"以前，畅观堂就曾被充作一些"刀笔吏"的战场，《十个人的北京城》中就讲述了一个与这里有关的史料：

> 翻看 1955 年的中国报刊，我们得承认，与别的批判相比，当时对梁思成的批判，还是很轻微的。当时，出现频率高的是"二胡"：胡风、胡适，还有一个梁漱溟。事实上，这种批判是50 年代初的关于城墙存废问题讨论的延续。城墙已经被拆了不少，这个时候，批判的就是梁思成的思想和观念了。（实际上是批判梁思成提倡"大屋顶"的复古主义理论）

> 经历过、参加过此事的人回忆起当时批判的大致过程：1955 年，彭真（时任北京市长）负责管这件事，而当时中宣部

理论教育处副处长于光远则具体负责这件事，在颐和园的畅观堂组织人写批判文章，不久就有了三十多篇批判文章。彭真拿到这些文章后，交给梁思成看，并没有登在报纸上。梁思成原来认为自己是这方面的权威，没人能批评他，一下看到这么多文章批评他，觉得自己错了。

彭真（当时）对他说，如果你不放弃你的意见，我们就一篇一篇地发表这些批判文章。梁思成这时就承认自己有不对的地方……几十年后，于光远回忆这件事情的时候，认为：彭真这样做，是对的，这样，问题解决了，也没有批判到人。①

当年（1955年）尽管《北京日报》没有刊登这批在畅观堂写的批判文章，但在1955年3月28日《人民日报》的社论中还是以这样的标题——"反对建筑中的浪费现象"，对建筑中的形式主义和复古主义展开了批判，只是没有指名道姓：

建筑中浪费的一个来源是我们某些建筑师中间的形式主义和复古主义的建筑思想——他们往往在反对"结构主义"和"保护古典建筑遗产"的借口下，发展了"复古主义"、"唯美主义"的倾向。他们拿封建时代的"宫殿"、"庙宇"、"牌坊"、"佛塔"当蓝本，在建筑中大量采用成本昂贵的亭台楼阁、雕梁画栋、沥粉贴金、

---

① 田苗、张学军等编著，《十个人的北京城》，华夏出版社，2003年9月第1版，第189—191页。

大屋顶、石狮子的形式，用大量人工描绘各种古老的彩画，制作各种虚夸的装饰。有的建筑装饰的造价竟占总造价的 30%，这些建筑不但耗费了大量的金钱，而且大多有碍实用；又因大量采用手工作业，无法采用工业化建筑方法，也就推迟了建筑的进度。[①]

1956 年 2 月，梁思成开始了自我批判，在全国政协二届二次会议上他宣读了他的检讨稿："在城市规划和建筑设计上，一贯与党对抗。积极传播我的错误理论……浪费大量的资金，阻碍了祖国的社会主义建设，同时还毒害了数以百计的青年——新中国的建筑师队伍的后备军。"[②]

梁思成的"自我批判"和"俯首称臣"使他在随后的 1957 年的反右运动中没被打成"右派"，而与他一同提出"梁陈方案"（指 1950 年《关于中央人民政府中心区位置的建议》）的陈占祥则未能幸免，作为建筑界的"大右派"受到多年批判。平心而论，彭真的"提前保护"使梁思成逃过一劫，当时梁思成是北京建委副主任，彭真是北京市长，也可看成是彭真对下属的保护吧。

历史留给后人的多是一些已经不完整的碎片，我们只能通过这些零散的碎片来还原或补充一段并不完整的历史。

[①] 《反对建筑中的浪费现象》，《人民日报》，1955 年 3 月 28 日，第 1 版。
[②] 《梁思成的发言》，《人民日报》，1956 年 2 月 4 日，第 6 版。

28

谐趣园里的
知春堂、养云轩
与无尽意轩

（2011 年 7 月 13 日，周三，阴转晴）

　　早饭后带着小阎一同去谐趣园。我来颐和园多次，特别是经过这两次测绘和查阅史料，已对颐和园内的主要景区比较熟悉，可以讲解一些园林设计方面的问题。

　　当走到谐趣园宫门时园门未开，与他到后湖东端的岩石上休息，隔着水面，可以听到河对岸眺远斋方向传来的清唱声，此处环境幽静，晨雾在湖面上徘徊、升腾，使周围的自然景物更加迷离。

　　8 点过后，与他一同进谐趣园，他去找风景拍照，我去选点画水彩。

　　位于谐趣园东侧的知春堂、东南角的知鱼桥与知鱼桥斜向对应的饮绿亭都在乾隆时期惠山园的原来位置上，当时的名称分别叫载时堂、知鱼桥和水乐亭；在当时惠山园的平面图上，载时堂（现在称知春堂）应该是围绕谐趣园湖面的主要建筑，也是模仿无锡惠山园最像的一部分景物。从知春堂平台上由东向西眺望，也可以得到借景万寿山的景观。

现在从饮绿亭到知春亭除了经过知春桥这条路，还可以经过知春桥南侧的回廊到达，回廊和设于回廊中段的澹碧斋应该是后来嘉庆时期重建添加进去的，只是添加得比较巧妙，小斋背山面水，具有山岚之趣。门的两侧对联为：窗间树色连山净，户外岚光带水深。概括了这里的风景特点。

澹碧斋以东的弧形半廊依据水池的岸线转折得相对自然，是一段直线和曲线的对接。

由于可以眺望知春堂、知鱼桥西侧的空间相对狭窄，又经常有游人停留在那里拍照留念，如果坐下来画画有可能影响游人的行进路线；随即决定把画架摆在弧形廊西侧与"澹碧"之间的狭小空间中，这样近景是大片的山石、花草，画面上方是知春亭的一部分和转折而下的回廊部分，尽管画面的景深不够理想，但有种"躲进小楼成一统"的自得其乐。

画完后想起吴冠中先生曾画过一幅苏州园林的抽象水墨，画面中央也是一片用彩色线条组织的太湖石形象，画面上方是缩小比例的建筑元素。吴先生的绘画来源于他的大量对景写生和对西方现代艺术的理解，来源于他对景物的抽象概括；由于他的中国画线条不是以书法为基础，也不遵守传统中国画的"程式"，上个世纪 80 年代还提出过"笔墨等于零"的过激言论，难免遭到一些传统国画家的批评，但平心而论，他的中国画有种"小清新"的韵味，加之构图和色彩精到，形成了对传统中国画的冲击和补充。

午睡后时间已近3点，鼓足精神带着画具进入三队的大门，由边门进园。

下午的阳光有些耀眼，照到昆明湖上更是银光闪闪，晃得人睁不开眼睛，随着游人走过知春亭就好些了，可以躲进玉澜堂南面的柏树林中休息一下眼睛和腿脚。

随即决定顺着玉澜堂西侧的"九道弯"到养云轩和无尽意轩一带去看看。

按颐和园的导览图，位于昆明湖北侧的长廊成为划分湖区与前山区的一条线性标志，而长廊又以排云殿大门为中心分为东西两段。在长廊的东段，无尽意轩和养云轩是靠近万寿山南坡的两组建筑。

养云轩位于乐寿堂和扬仁风院墙的西侧。建筑群南面依次有葫芦河水塘、长廊和昆明湖。据说颐和园中有五个湖和三条河，三条河分别为位于东宫门影壁前面的月牙河、设在这里的葫芦河以及位于北宫门里的苏州河。之所以称为葫芦河是其平面形状很像葫芦，南边一半近似圆形，北边一半像桃形，合起来如同一个宝葫芦，养云轩前面的单孔石桥就像扎在葫芦上的一条带子。依我看，现在这条水系更像是一条平行于长廊的狭长池塘，将长廊上的喧嚣人群与北侧的两组建筑相对隔离起来。

与单孔石桥相对应的养云轩南门具有不同于一般中式大门的

上：位于长廊东段的养云轩是少数未被损毁的建筑，门前的葫芦河与单孔石桥为清漪园时原物。

下：由葫芦河西端向东看，晨雾渐开，云蒸霞蔚。

格局：大门立面与西洋座钟造型相近，大门两侧和重檐屋顶上使用了大量汉白玉石材，加之门前石阶的呼应，使之显得很厚重。在八角形门洞上方的门额上镌刻"川泳云起"四字，两边对联分别刻写在两根西洋柱式之间的石壁上。上联为：天外是银河烟波婉转；下联是：云中开翠幄香雨霏微。描述了这里烟波浩渺、雨雾迷离的迷人景致。

乾隆皇帝曾在一首诗中记录云彩飘出这个养云轩院子的奇观，可以想象：山上的松烟石瘴会形成山岚，山岚又顺着山势灌进院子，

而湖水中生成的雾气又会向岸边涌动，于是，在院落附近就有了山岩和湖水灵气的碰撞和交融，就有了云雾生成的根基。

养云轩建筑现在是颐和园研究室所在，属于内部办公用房，并不对游人开放，所以大批游人并不在附近停留，只有少量散客会跨过石桥欣赏一下大门两边的对联和西洋风格的雕饰。我则是每到颐和园都会来附近逗留一会儿，一是这里的风物清幽，二是来这里借点仙气；2006 年来颐和园测绘时曾因测绘任务而探查过院落内部。

无尽意轩位于养云轩的西侧，与大门相对位置设有一个长方形水池，很像是东侧葫芦河水系的延伸，而建筑的南边与凸出昆明湖水面的对鸥舫在同一轴线上，曾猜想高宗把这里命名为"无尽意"当与这条水系和南面的对位关系有关。

如果比较无尽意轩与养云轩的大门处理，一为正襟危坐的端庄格局，一为具有乡间野趣的低调处理；养云轩的大门为中西合璧式，大门由于两侧实墙的衬托和上面两层平行的檐口显得很突出，门前的台阶与大门设在同一轴线上，采用比较直接的进出方式。而无尽意轩的大门采取传统的垂花门式样，门前设有一块高起的平台，进入大门的台阶设在东西两侧，如果从建筑的东南角观察，砌筑水池的不规则石材仿佛在门前直接升起，托起大门南侧的平台，这些石材因靠近南侧道路，使大门和大门两侧的一层围墙有明显的退后感，初次来颐和园的游人往往会忽略这组建筑。

翻看乾隆题咏无尽意轩的诗词有 25 首，比之咏养云轩的 17 首还多些。在写于乾隆五十年的一首诗中，高宗自己将这里和承德避暑山庄内的一组建筑相联系，并解释了"无尽意"的含义：

> 清漪园之无尽意轩，避暑山庄之有真意轩①，均屡经题咏，向尝有句云：无尽有真同一意。盖无尽乃有真，而有尽必致无真；一而二，二而一也。②

现在白天已经很难描绘养云轩的院门附近，主要是游人太多，由于长廊的宽度有限，容不下到万寿山前山一带游览的人流，另一些行人就散布到长廊两侧的空地上，这种喧闹的气场早已把坐下来画画的情绪吹散。

这时发现养云轩院墙外的西南角还算安静，随即到附近的卫

---

① 有真意轩为一小型园林，建于乾隆二十八年，位于避暑山庄西峪山凹处，今已无存。
② 孙文起、刘若晏、翟晓菊、姚天新编著，《乾隆皇帝咏万寿山风景诗》，北京出版社，1992 年 8 月第 1 版，第 177 页。

生间取水，坐在墙角下面的叠石上，把调色盘放在马扎上，将绘画工具摆放到较顺手的位置后开始作画。对面的景色也还入画：近景是呈逆光状态的古柏，中景可以描绘葫芦河、石桥、古柏，远景是长廊和一部分院墙，透过长廊的留白部分则是泛着夕照的湖水。

完成的画面中树木等都有逆光效果，应该是傍晚时分前山的真实场景。

画到下午6点左右收工，这时的游人多已散去，长廊一带的自然景色真美！

29

霁清轩的垂花门，乐寿堂

（2011 年 7 月 14 日，周四，晴转多云）

早饭后背着画具到谐趣园后山，计划画霁清轩南侧的垂花门，人坐在谐趣园里，但画的景物却属于谐趣园和霁清轩的分界点。

在乾隆时期，谐趣园和霁清轩归为一组建筑，统称为惠山园，是仿造江南无锡寄畅园而建造的。造园时利用了万寿山东端的余脉（指高出地面的岩石）和岩石南侧的池塘，来仿造寄畅园中的惠山余脉和附近的自然地势，从而形成了仿造寄畅园八音涧的玉琴峡（位于谐趣园）和仿造七星桥的知鱼桥（在谐趣园内）。

乾隆皇帝的本意是"肖其意"，是想利用颐和园内与无锡惠山一带相似的地势，形成一种清幽的江南风格。这里他既不想照搬和复制寄畅园，也不想使这座"惠山园"带有御园中太多的富贵气息，建成后的惠山园内人工建筑较少，加上如意门和西官门，两部分建筑只有 15 栋建筑。后来经过嘉庆皇帝的修改重建（1811年），特别是后来慈禧太后的复建（1860 年以后），不仅在惠山园区域增加了大量建筑，而且增设了围绕霁清轩的围墙，同时将环绕谐趣园湖面的众多主体建筑用游廊贯穿起来，这时的园中园已经很难恢复到乾隆时期的原貌，而被加进去太多皇家园林的富贵色彩。

尽管如此，从现在的实际效果看，谐趣园、霁清轩与后湖的眺远斋相呼应，使小园和大园连成了一个有机整体，在偌大的颐和园中还是具有很强清幽气息的地方。

我画画的地方位于涵远堂北侧的土石假山上，极少有游人走到这里。

绘画以霁清轩的垂花门和一段院墙为主景，近景有散落在门前草丛中的两块汉白玉构件和后面的树丛。画出来的效果还不错，光影打在斑驳的红漆门上，更给建筑增加了几分沧桑感。在写生过程中看到在霁清轩测绘的学生在墙头上测量垂花门的侧面，一会儿两个同学从打开的大门里出来，他们开始用竹竿头挑着皮尺测量院墙和垂花门的檐口高度（我们称为挑杆）。与这几个同学不熟，几乎是各忙各的事。

画完后把画板放在一个树杈上拍照，又给刚刚画过的景物拍照，回去后可以将两者做个比对；从照片中可以看到时光的变化已反映在不同的阴影位置上，而对景写生只能抓住第一时间的第一印象，确定阴影位置后就不能再做移动。水彩画的特性在于通透和轻灵，同一片区域画两遍以上颜色就显得很"脏"，所以调配颜色时要准确，用笔时要果断。

我在拍照时，听到垂花门对面传来低声的交谈，像是与我的写生有关，又好像不是。不由想起宋人苏东坡所写蝶恋花的下半段：

墙里秋千墙外道，

墙外行人，墙里佳人笑。

笑渐不闻声渐悄，多情却被无情恼。

现在佳人难觅，我也过了多情的年龄，但这首词却是好词，说明了在古典园林中，墙体所起到的不可忽视的作用：既可以划分空间领域，又可以创造相对独立的空间气氛。上学时学习古典园林，总是感到园林的平面过于简单，等到后来有机会到苏州一带体验古典园林，才发现墙体在组织空间、划分空间中的各种妙用。因为墙体是立体的，可以在三维空间中发挥更好的作用。欣赏图纸的人需要有一定的空间转化能力。

未看到守候在谐趣园后山的黄猫，也许老猫带着家属已经躲进一墙之隔的霁清轩里。

乐寿堂位于昆明湖南岸东边的起点上，与仁寿殿之间隔着玉澜堂一组建筑，当慈禧太后住在颐和园的时候，乐寿堂是她的寝宫，仁寿殿则是她向群臣发布旨意的办公场所。每当这一时期，光绪皇帝往往住在附近的玉澜堂，皇后住在玉澜堂后面的宜芸馆。

　　乐寿堂是一组前后两进院落、左右各带跨院的四合院式建筑群，正殿前后共有建筑 15 间，结构别致。东西配殿各五间，向西可达长廊，向东可通宜芸馆。

　　乐寿堂的大门也称水木自亲，前面有御舟码头和两个"探海灯杆"。从南面平台上进入乐寿堂大门首先可以看到一座横卧的大石峰，名叫青芝岫，石色清润，体态秀丽，为乾隆年间遗物，实际上是明代大臣米万钟发现并遗弃在宛平城内的，后被乾隆发现并运至此处。

　　清漪园时期，乐寿堂的主殿是比现在略大的卷棚式建筑，其面阔七开间，朝南凸出五开间，朝北凸出三开间抱厦，内部两旁做成"仙楼",楼下是书斋,楼上供佛像,整个建筑当时作为弘历的生母到大报恩延寿寺进香时休息使用。当慈禧太后重修颐和园时才在原址上改建成规模缩小的建筑作为自己的寝宫。现在的建筑面阔七开间,进深四开间,平面呈十字形,内部保留有大量的精美装修和家具。

据现在可以看到的整修乐寿堂史料载①,慈禧太后十分关注自己在颐和园内的住处装修:"海军衙门于二十九日钦奉懿旨:乐寿堂寝宫内北面头层落地罩,着撤去里层花罩,横眉上添安毗卢帽一座,其南北之栏杆罩等撤去,改安通长飞罩一槽,以中花正向门口。"(光绪十七年六月初九)毗卢帽是黄檗僧所用的帽子,在落地罩上添加毗卢帽旨在取佛意。

另一份记录则涉及建筑的外檐装修和玻璃材料的使用。

"乐寿堂大玻璃三槽鼓儿板墙落矮,上安纱屉,西稍间后撤去大玻璃,改安腿罩,前檐现拆砌坎墙,支摘窗落矮。"(光绪八月二十五日)如果将乐寿堂和宜芸馆的建筑外檐加以对比,就可以发现乐寿堂外观上还保留着更多的传统做法,几乎看不到整块的大玻璃。

在北京的皇家建筑中,被称作乐寿堂的建筑共有两处,另一处在故宫宁寿宫里。在兴建清漪园之后(乾隆三十六年),乾隆皇

---

① 张宝章、雷章宝、张威编,《建筑世家样式雷》,北京出版社,2003 年 6 月第 1 版,第 115 页。

帝即发现南宋皇帝宋高宗赵构在晚年曾自号乐寿老人。为了表明心迹，在他写的《乐寿堂》诗中和后面的说明中都提及对偏安一隅的、南宋皇帝的看法：

面水乐宗知，背山寿体仁。

无多岁月别，又是一年春。

流景云何速，韶光已向新。

建炎名偶似，希事不希人。

乐寿堂题名已久，义实取祝厘。兹得董其昌论古帖真迹，册载宋高宗书有乐寿老人之称，是倦勤之后，托志取名，自无不可。近题淳化轩亦微寓其意，然所希于彼者唯此一节，而其人其政，实有不足希者。故并及之。

联系到因玩石头而亡国的北宋皇帝赵佶，偏安一隅的赵构，乾隆每当在乐寿堂里看到对着前门的青芝岫时，心情应该很复杂。据说：当这块大石头运到清漪园时，乐寿堂的院落已经建成，为了把石头弄进院里，只好拆毁院门。当乾隆的母亲得知此事后，曾议论说："既败米家，又破我门，其石不祥。"故有败家石之称。

乐寿堂主殿中有前廊和后厦向南北两边突起，使大殿显得更加庄重，殿前摆放有慈禧时期遗留的仙鹤、梅花鹿等铜制摆件，前院中种植有慈禧太后喜欢的玉兰树、西府海棠和牡丹等花木，后院保留有红松等长青树木。

当年慈禧太后居住过的乐寿堂。

后来看到一本法语本的《颐和园》图册，尽管我不识法语，但里面的摄影很精彩，可见颐和园在上世纪80、90年代的样子。其中有一张曾经展示在乐寿堂里的老式汽车，据说是当时出现在中国的第一辆汽车。

这辆由袁世凯于1902年从香港买来而后送给西太后的汽车，外观很像四轮马车，车上仅有两排座位，在前排车轮上方设置方向盘和车灯等零件。由于是敞篷车，宫内人员又安装了一块平顶车篷覆盖住整个车体，可以使坐在后面的太后舒服一些。

对于袁世凯，阅人无数的慈禧太后是一手提防、一手重用的。戊戌之后的几年，袁世凯由直隶按察使被提升为直隶总督、外务省尚书，在汉臣中，所受恩遇之隆可以与曾国藩、李鸿章等相提并论。但实际上，老太后对于这位统领北洋新军、善于投机逢迎的大臣并不放心，当他得知袁世凯用黄金、白银拉拢庆亲王时，警觉之心即起。太后不知道的是：这时的袁世凯已经与徐世昌、庆亲王的儿子载振结为"异姓兄弟"，这时庆王府里的大事小情已经全部由这位"袁大人"打理了。

光绪三十三年，慈禧内调袁世凯为外务部尚书，并担任军机大臣，此举明为重用，实际上是解除了袁氏手中的兵权；善于权变的袁世凯也随即交出了北洋新军的统辖权。

然而，正当老佛爷筹划着下个步骤倒袁倒庆的时候，自己却突然病倒。这时她又得到消息：袁世凯计划废掉光绪，拥戴庆亲王奕劻的儿子、袁氏的结拜兄弟载振为皇帝，72岁的慈禧太后迅速做出另一项决定：宣布立醇亲王载沣之子溥仪为皇太子，封载沣为摄政王。同时命令：把北洋军段祺瑞的第六镇从北京调往涞水，把满族皇室铁良的第一镇调进京城接防。此时的奕劻被派去东陵查看陵区工程，待他回来，京城里的大局已定。

慈禧当然明白，自己身后，皇族近亲中已经无人能够承担起大清的江山。

果然，在光绪三十四年十月，在光绪帝和慈禧太后过世以后，摄政王载沣和隆裕太后越发没有了主见，先是放袁世凯回乡养病，当两年后武昌起义爆发，又在奕劻、那桐等"袁党"撺掇下，不得不请袁世凯出山，后来袁在得到足以震动朝野的职位后才"勉强领旨"，回到朝中。

再后来，当袁世凯掌握了清廷的兵、政、财大权后，推出奕劻这位"贪财"的军机大臣去做隆裕太后的退位工作。至宣统三年十二月二十五日，隆裕太后颁布溥仪皇帝退位诏书，结束了清朝二百九十五年的历史。袁世凯同时逼迫南方的临时政府就范，取代孙中山成为中华民国的第一位总统。

现在的颐和园由于游人太多，白天如果想到佛香阁一带，走沿湖的东岸和南岸石板路（又称九道弯）已很难快走。后来发现可以穿过德和园和宜芸馆之间的胡同走到宜芸馆的北侧，然后向西转，经过乐寿堂的后院、前院以及扬仁风的南院即可到达长廊。

下午3点后就在乐寿堂附近转悠，看到前后左右都是熙熙攘攘的人群，很难安顿画架。等到4点过后才在乐寿堂后院的侧廊上摆开画具，描绘后院的古松和殿后一角。尽管是后院，还是不时有打着小旗的导游带着成群的游客在我面前讲解，或讲慈禧太后与玉兰树的故事，或讲太后美餐有多少饭菜，还讲太监如何做"净身"手术，如同亲眼所见一般活灵活现。

今天天气阴沉，不到5点天色已经暗了下来，只好画个大概感觉，实际上，这时看到的水彩颜色已有误差，后来发现这张画画得有种难言的神秘感。

一个收集游人丢弃饮料瓶的老者走过来在我身边看了一会儿，还以为我是卖艺为生的艺人，很关心地凑近说："不要把画轻易卖掉换钱，画多了凑起来出本集子也是纪念……原来我也喜好这个。"真是人不可貌相，这种处境还有这般见识。

我仔细打量他，很有似曾相识的感觉；由于天气湿闷，他已经泛黄的衬衫没系扣子，露出里面的红色跨梁背心和黝黑的肤色，下面的蓝黑色单裤挽着裤脚，露出因长期走路而形成的腿部肌肉，手里提着一个大大的编织袋，装着捡来的各种饮料瓶。如果周身再胖些就很像传说中的布袋和尚了。

30

谐趣园宫门前，清华轩，画中游

（2011 年 7 月 15 日，周五，晴，有雷阵雨）

很担心昨晚开始下的雨今天上午接着下，待起床后发现雨已经停了，只是空气中的湿气很重，混合着雨水和草木生发出的泥土味道。在颐和园几日，至今为止还没有遇到白天下雨的情况。

游人依然很多，许多外地来京的旅行车都停靠在三队大门的对面，即昆明湖路的马路东侧；下车的男女老少往往是在导游的带领下，经过人行道横穿马路，然后往东官门方向去。

吃过早饭又走到谐趣园附近。

经过"紫气东来"的城门后，发现有人在不远的山坡上找寻什么东西，附近树木上的水珠会随着人们的移动扑扑簌簌地落下来，像是又下了一道雷阵雨。询问一位整理"战利品"的妇女才知道他们在找寻被风雨打落的桃核，这里的桃核有铜钱大小，剥开青皮后的内核很适合制成手串和挂珠。很多人没有机会看到颐和园里开放的桃花，买个手串回去也可以感受到这里春天的气息。

与谐趣园宫门对应着有一条往西走的山路，从这里可以到达附近的劝农轩和远处的山上建筑。坐在半山设置的一个木椅上可以欣赏附近由白皮松、黑松组成的一片松林，也可以透过眼前的树干俯视谐趣园宫门一带的建筑群。

画画已到第十天，基本上是每天画两张写生；感到很难连续地画古建筑，主要是眼睛太累：既要做到建筑的基本准确，又要照顾到复杂的色彩关系。决定上午在这里画张以树木为主的风景画，借着满眼的绿色调和草木的清香好好滋养一下眼睛和五脏六腑。

早晨的阳光还是变化很快，在树林中，凡是被阳光打到的地方就很亮，呈现出一种暖色调，而呈逆光状态的树木就显得颜色更深一些。在深色系中也有光感的层次变化，在逆光的树冠附近往往有一圈光环，一如健康人体的光晕。

尽管宫门附近不时地有喧哗声传来，这里却有闹中取静的意味，静下心来可以听到树叶上的水珠经过太阳一晒而掉落在草地上的细微劈啪声，可以看到毛色灰黄的松鼠在草丛中找寻能吃的浆果。

这张用扁笔画的风景别有一种味道，很像画油彩的用笔。以往的水彩画用圆头笔居多，笔头上可以含更多的水分，画到水彩纸上的效果更轻快和爽利。

下午进园，看到九道弯一带因游人太多已很难行走，随即转到大戏楼附近的胡同往北走，再经过永寿斋和乐寿堂等院落转到长廊上。每当走到长廊东端的邀月门，看到湖山的开敞景观时，都会长长地松口气，总算挤出游人扎堆的地界了。

佛香阁下面的排云殿两侧各有两组建筑，东边是介寿堂，西侧为清华轩。现在清华轩小院的前进院对外开放，主殿内正在展出颐和园的历史照片，照片多为慈禧太后重修颐和园之前的面貌，可以看到乾隆时期清漪园内主要建筑的历史痕迹，其中一张放大的、手卷式的黑白照片记录了由文昌阁、乐寿堂、佛香阁一直到西堤六桥和十七孔桥的园内景物，使人如同回到几百年前的昆明湖上。只是那时的皇家宫苑归皇室所有，在朝的一般大臣也是难见一眼的。

末代王孙溥儒在民国初年曾经借住在介寿堂中，在其所著的《凝碧余音词》中有多首描写湖景的诗词，记得《天仙子·昆明湖上》的上阕为：

长乐钟声何处听，无限江山窥镜影。

冰轮一片落瑶台，涵虚境，清凉景，天上人间谁记省。

清华轩这组建筑在乾隆时期称为罗汉堂，目前的合院式建筑是改建以后的面貌，沿中轴线共布置着两进院落，现在对外开放的只是清华轩的第一进院子。对比清漪园和颐和园这两个时期的平面图，现在院落中的八角形水池和水池上的石桥应该是乾隆时

期的遗物。一些游人站在石拱桥上留影，背景正好是东北方向的佛香阁。

因通往后院的边廊上挂有"谢绝参观"的牌子，我没能看到清华轩的后院，民国后期（1937—1949 年），袁世凯的大公子袁克定曾借住在这两进院子里很长时间。

前些年有部热播的电视剧叫《走向共和》，因为剧情和演员的出色引起热议。其中的一段情节是，1915 年 6 月，原来的北洋旧部、江苏都督冯国璋进京觐见大总统袁世凯，当他听到"袁公欲行帝制"时曾当面问询"老盟主"是否真有此意，袁世凯则回答：

"我袁家亲故无人活过六十，如今我五十有八，纵然当上皇帝，又有几年好坐？何况大儿子是个残废，二儿子假名士，三儿子土匪，哪一个能继承大业？你尽管放心。"冯国璋一时信以为真，于是四处替袁大总统辟谣开脱。

哪知不到半年，也就是 1915 年的 12 月，袁世凯正式申令承

二〇一一年 测绘笔记

269

认帝位，并于次年1月1日黄袍加身，自己做起了洪宪皇帝。这种倒行逆施真的会触犯众怒，先是云南都督蔡锷在云南宣布独立，组织"护国军"发动讨伐袁世凯的"护国战争"，随即袁世凯阵营内众叛亲离，就连他原来依赖推倒清廷的北洋将领也起来反对他，段祺瑞、冯国璋等也联合各省督军，发出取消帝制、惩办祸首的通电。袁世凯在登上皇帝宝座三个月后（83天）不得不宣布取消帝制，并在1916年6月6日郁闷而死，终年58岁。

据说临终之时，袁世凯曾握住时任国务卿的老友徐世昌之手说："他害了我。"这个"他"即指袁克定。

袁克定生于1887年，在袁世凯的32个子女中是唯一的嫡出。此人幼年留学德国，精通德语、英语，并长期跟随袁世凯左右，熟悉当时的官场文化，热衷于政治。因为骑马时跌落造成右腿致残，成为跛脚，故有"残废"一说。

帝制之议出现后，袁克定在背后出谋划策，极力想把其父推向帝位，实际上是想做"太子"，好在"老袁"去世后接班。其中最令后世叫绝的举措，是集合一帮文人编印一份假的《顺天时报》供袁世凯一人阅览，用"满纸拥戴，繁文赞许"的内容使大总统沉浸在国民一片拥戴他称帝的幻觉中，最后把"老袁"推到"自掘坟墓"的地步。

旧交张謇得知"老袁"死讯后曾感叹道："可以成第一流人，而卒败群小之手。"

倒是被称为"假名士"的二子袁克文看到大总统被一帮人架着准备"称帝"时，曾写《分明》诗两首表达他的态度：

乍着微绵强自胜，古台荒槛一凭陵。

波飞太液心无往，云起魔崖梦欲惊。

偶向远林闻玉笛，独临灵室转灯明。

绝怜高处多风雨，莫到琼楼最上层。

小院西风送晚晴，嚣嚣欢怨未分明。

南回寒雁掩孤月，东去新风黯九城。

驹隙留身争一瞬，蛩声催梦欲三更。

山泉绕屋知清浅，微念沧浪感不平。

有趣的是袁公子在这首诗的序言中写道：

乙卯秋，携雪姬游颐和园，泛舟昆池，浮御沟出，夕止玉泉精舍。

表明此诗写于游湖（昆明湖）之后。当时的袁世凯正对恢复
帝制抱有希望，看到此诗后把袁克文叫去跪责，并将其软禁在北
海雁翅楼。

后来讨袁将军蔡锷病逝日本，灵柩回国时各界赠送挽联甚多，
袁克文也曾赠联推重，很有不计私怨的意味：

国民模范，军人表率；共和魂魄，自由精神。

袁克文的书法取法唐人，潇洒俊逸，为时人所重，每到生活

困顿之时，则靠卖字换钱。所著仅有《蛇尾集》及《寒云日记》丙寅、丁卯两册传世。

1931 年春，袁克文病死在天津两宜里家中，年仅 42 岁。表弟张伯驹的挽联说：

> 天涯落拓，故园荒凉，有酒且高歌，谁怜旧日王孙，新亭涕泪；
> 芳草凄迷，斜阳黯淡，相逢复伤逝，忍对无边风月，如此江山。

姻亲方地山的挽联是：

> 聪明一世，糊涂一时，无可奈何惟有死；生在天堂，能入地狱，
> 为之叹息欲无言。

还得说说后来的袁克定。

据说"大公子"在"老袁"死前，多次逼迫他爹把自己的名字写进政治遗嘱，有"知子之明"的袁世凯往往当面照做，待小袁一走就另立一份，最后指定的继承人是副总统黎元洪。

老袁死后，袁克定方有悔意，从此不问政治。1937 年，日本人进驻华北后，很想利用袁克定的影响而请他"出山"，小袁登报声明：自己因病对任何事不闻不问，也不见客。此时的袁克定已借住在颐和园的清华轩，生活困顿。

这时表弟张伯驹与他还时有往来，见他吃饭时虽无鱼肉菜肴，只是以窝窝头切片，加上咸菜而已，但依然正襟危坐，胸带餐巾，

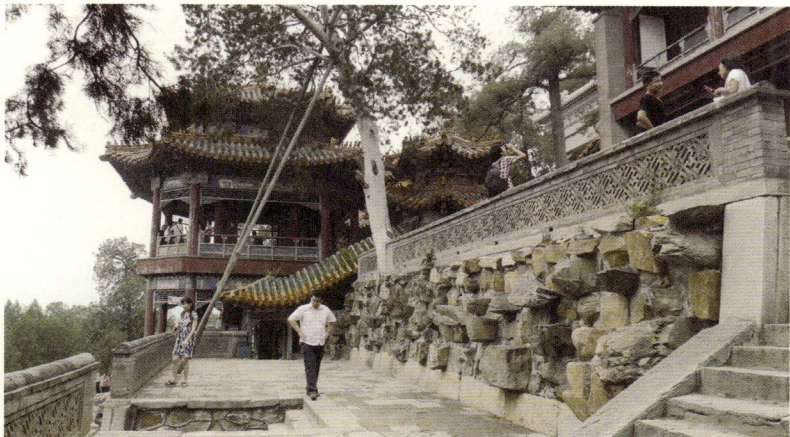

由一层平台上观赏画中游建筑群；左侧小楼为爱山楼。

俨然还是当年的"皇储"模样。张伯驹后来写有记事诗：

> 池水昆明映碧虚，望洋空叹食无鱼。
> 粗茶淡饭仪如旧，只少宫詹注起居。

1949年以后，袁克定被请出颐和园，原来家中的古董等物均被扣留，据称是"抵押付颐和园的房租"。看到他穷困潦倒，表弟张伯驹曾将他接到自己家中居住，直到袁克定1958年离世，时年80岁；坊间的另种说法是临终前的几年大公子租房单过，经济上因挂着中央文史馆馆员之名而受到中央文史馆接济。这位"坑爹"的大公子倒是打破了"袁家亲故无人活过六十"的宿命。

从清华轩出来顺着长廊继续往西走，经过山色湖光共一楼就到了听鹂馆，在听鹂馆东侧有一条山路可以到达位于听鹂馆后山上的画中游建筑群。

画中游的主体建筑是一栋两层重檐顶的楼阁式建筑，左右还

上：作者 2011 年在爱山楼台阶上所作写生。

下：作者 2006 年在下层平台上所作写生。

颐和园测绘笔记

有两个退后的楼式建筑做陪衬，由于楼阁式建筑的四面悬空，人们站在画中游的二层楼面上可以饱览南面昆明湖的景色，很有面对自然山水画的错觉，故称其为画中游。这里，游人面对园林中的景物如在画中游览，同时也点缀着园林和园林里的建筑，成为画中的景物。借用明代才子金圣叹在《鱼庭贯闻》中的一段话："人看花，花看人；人看花，人到花里去，花看人，花到人里来。"讲得多妙！

2006年带学生测绘时，我曾经在画中游的东侧第二层平台上画过一张写生画，这次计划在下面的第一层平台上也画一张，只是两次来颐和园的季节相近而心境已是大不一样了。

当我在画纸上起好铅笔稿后发现天色已经暗了下来，只得收拾东西下山，估计明天上午再用两个小时可以画完。

下山前，曾在画中游楼上向下眺望，正好可以看到下面的听鹂馆院落，此时的院内建筑有几栋刚刚开灯，透出窗外的橙黄色灯光和群青色的建筑相呼应使得小院显得更加安静；向南湖岛一带眺望，一轮新月刚刚在湖面上升起，一会儿就隐身在云朵之中，很像是忽隐忽现的小鱼游弋于夜空之中。突然想起前几天未做完的对联——真格山上憩夕阳云绕燕双逸，如果对上"疑似画中游孤馆花飞月半明"或尚可。后来有位懂诗文的朋友看到此联，来信探讨：对联中"孤馆"与"夕阳"对仗，表现的都是傍晚的景色，情绪上有些消极；自己则回信以黄庭坚的"无题"诗作答：

花气袭人欲破禅，心事其实过中年。

春来诗思何所似，八节滩头上行船。

　　晚饭后几个同室的老师坐在院内的木桌前聊天，突然一阵雨起，将我们赶回屋内；待我们再出来时，桌子周围已经挤满画图的学生；测绘进行到现在，学生需要在测稿的基础上画出仪器草图，同组的几个同学互相看看建筑的平面、立面、剖面是否能对应得上，如有异议再到现场补测一些数据，让老师检查合格后他们的现场工作算是告一段落；待回到学院后再用计算机画正式机图。

　　因为小院内桌面的地方有限，听说有的学生拿着画板去附近的快餐店画图，还有一些同学在三队的会议室里画图。晚上带队老师得去这些地方查看进度和安全情况。

31

画中游、
听鹂馆、
益寿堂

（2011 年 7 月 16 日，周六，晴，有雷阵雨）

早餐后带着画具赶到长廊，这时游人在导游小旗的带领下已经陆续进园。在寄澜亭附近逗留一会儿，观看附近锻炼的市民在长廊北侧的空地上打太极拳；太极拳如果练得不得要领很像是习练体操，光看到胳臂和腿在做大幅度运动。

上午计划把昨晚没有画完的画中游写生完成。

爬上画中游东侧的第一层平台附近时还看不到很多游人，有两个"老北京"迎着阳光在爱山楼的檐下晨练。先在附近找了一块青砖搬到一层平台上当坐凳，马扎充作放颜料的地方，这样画起来可以更顺手些。又在东侧草丛中找到昨天藏在这里的饮料瓶，一瓶水估计可以完成此画。在室外画水彩取水很重要，在谐趣园时可以在园中部的湖中取水，有些地方可以在附近卫生间取水，像这种半山腰则只能带水上来了。

一些专业画家不喜欢画建筑，特别是古建筑。首先是透视线复杂，稿子起得不准，房子就有歪斜之感；其次是建筑的故有颜色太鲜艳，颜色本身就具有大量的对比色。以这张画为例，主体画中游是一座二层楼阁式大敞亭，八角重檐屋顶，屋顶为黄色和绿色相间的琉璃瓦，木结构部分大部分刷成红色，檐下部分为冷色系彩画，主体旁边还有一个尺度略小的六角亭，也是类似的造型和颜色。为了联系地形上两个平台的高差，在两个亭子之间设有一段爬山廊，同样是红漆柱梁、黄绿琉璃屋顶。如果想把这种复杂的物象快速地表现在一张画纸上，应该取减法处理，追求一种具有统一感的画面颜色。

考虑到昨天与阿龙等人的约定，中午之前得赶完这张画，所以用笔较快，颜色使用上也由不得多想，基本是感觉上差不多就往纸上"招呼"，看看效果还是很有水彩写生的味道，谁说西画里不讲究"气韵生动"？

昨天得知：上午会有天大教务处的处长和几位学院领导来慰问测绘小组，颐和园方面知道后决定中午在听鹂馆宴请，主人为园里的丛园长和刘主任等人，几个工作在测绘点的老师作陪。好在听鹂馆就在画中游的山下，约定他们快到时再通知我下去，有个十分钟也就能到了。

听鹂馆这组建筑位于东侧清华轩和西侧石舫之间，为一组合

院式建筑，其正门与室外地平有半层楼的高差，要进到院内得通过大门两侧的石制台阶。院落内靠近门房建有一个两层高的戏台，如果从南侧的长廊上观察听鹂馆，可以看到戏台南侧的凸字形屋顶，呈现出一种中间高、两边低的对称性布局。

这组带有戏台的建筑原为乾隆皇帝为他母亲看戏所建，当时的格局为南殿北戏楼，光绪时期重修颐和园时才把它改建成现在的样子，即北殿南戏楼。后来由于嫌这里的"格局"偏小，慈禧又在宜芸馆东北角修建了德和园大戏楼。

乾隆曾有诗形容此地："山馆因何名听鹂，梨园兹向奉慈禧。""听鹂"两字指"梨园行"在此演出时所形成的动人声乐，并非专指黄鹂鸟鸣。诗中慈禧两字是乾隆尊敬他母亲的形容词。

午饭时，随学校来的几位老师一起经过台阶和"金枝秀华"匾额下的大门进入建筑群内部，发现与大门对应的位置是一个向院内凸出的单层戏台，戏台上方还有一个可以眺望风景的楼层。

院落中的主体建筑听鹂馆为五开间，两侧各有顺山房三间；南边一侧，除了五开间的扮戏殿（现门殿），还有顺山房和穿堂共12间，位于院落东西两侧的配殿各三开间，通过一圈游廊把围绕院落的各组建筑连接起来。实际上，设计时在东、西配殿的两侧还有两个小院，可以方便他们单独使用，有时经过听鹂馆的东侧山坡上山，就看到东侧小院挂着出售茶点的牌子。

由于听鹂馆里面不接待游客只接待食客，受室内空间的限制，几栋建筑里能够接待的客人不多，院内显得很安静。

午宴摆在院内南厅，据说是国家领导招待国宾的地方。室内陈设和餐具有古典味道，上菜的女服务员都穿着清朝的宫女服饰，每端上一个盘碗都报个菜名。据说这里的仿膳得到清末御厨的真传，只记得几个小吃很地道，有豌豆黄、肉末烧饼、芸豆卷等。

饭后即与园长告辞，上次见过的刘主任带领我们一行人回颐和园管理处一带。在她的引领下我们都在鱼藻轩前的码头上游船，直接开到十七孔桥附近登岸，比之在陆地游览线上行走，省了好多脚力。

将众人带回住地小院后，又围坐在靠南墙的木桌旁聊了一会儿，现在的住地外边已整洁许多。有一天晚上回来，看到众人围坐在大桌子的两侧观看打在墙上的幻灯片（PPT文件），效果相当不错。不知何人用啤酒瓶装了一枝将开的荷花放在门旁窗洞上，产生一种十分鲜明的对比效果，每当看着这清爽之物心情也好很多。

午休后又赶到园里作画，到谐趣园宫门时已近4点。

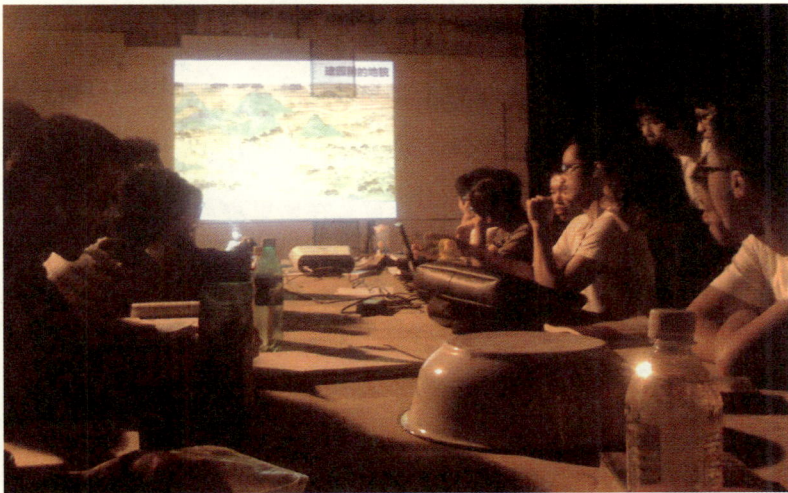

晚上在住地院子里上课（手机拍摄）：开始时将投影仪放在脸盆上，发现画面太高就把投影仪移到了桌子前边。

在取景白皮松的长凳旁又画了一张俯视谐趣园宫门的竖向构图，画到6点前后收笔，应该是画谐趣园的第六张画，近景为三棵古树和山坡，通过树丛可以看到宫门一带的建筑和院内风景。这时园门已关，赶到门口的游人往往会隔着门缝向里面张望片刻然后很遗憾地离开，对于许多外地游客而言，能来一趟颐和园游览也很不容易。

画完又绕到乐农轩西侧的益寿堂看了看。

地图上看，益寿堂位于景福阁与乐农轩之间，但因为处在山坡的北侧，南面有大片树木遮挡，如果不是有意探访，即使走在景福阁到谐趣园的山路上也看不到这组院落式建筑。但在六十年前的解放初期，益寿堂曾因为一些风云人物的聚集而成为一段历史的见证。

1948年12月颐和园至玉泉山一带被解放军接管。

为了商谈北平和平解放事宜，1949年1月19日，由当时的北平负责人叶剑英主持，在益寿堂召开中国人民解放军与傅作义"华北总部"双方参加的第一次会议，在这里决定了国民党军队在北平撤防和解放军入城接防的具体时间和地点，即于1949年1月31日上午12时以前两军换防，宣告北平城和平解放。

1949年春天（3月26日）中共中央在香山宣布与国民党政府的和谈条件，同时订于当年4月1日在北平和谈，其中颐和园的益寿堂与景福阁是指定的谈判场所之一。

这期间的3月24日晚，中共中央和解放军总部由涿州乘火车至清华园火车站下车，25日晨曦领导们换乘汽车到园内益寿堂休息，当晚毛主席曾向颐和园负责人询问园内职工的基本情况并指示：

> 要照发（职工）工资，不要降低他们的生活水平；我们没有管理公园的经验，要向他们学习，我们不但要管理好原有公园，还要建设许多新的公园。①

3月25日毛主席和中央领导去西郊机场阅兵，当晚由毛主席做东，在益寿堂设宴招待来北平的民主人士，共设席两桌，有20人参加；其中受邀的南社诗人柳亚子当晚曾写下四首赞颂领袖的诗词。

3月28日这位诗人又写下《感事呈毛主席》一诗，由此引出

---

① 刘若晏，《颐和园》，国际文化出版公司，1996年10月第1版，第16—17页。

收录在《毛主席诗词选》里的诗词《七律·和柳亚子先生》（4月29日作），并引出这位旧式文人在1949年的一些趣事；这时候（4月25日）这位民主人士已经由北平六国饭店搬到益寿堂"借住"。因为这些诗词曾收录在"文革"时期的"红宝书"中，凡是经历过那个年代的人多能背诵。

《毛主席诗词选》里收录的七律诗名为《七律·和柳亚子先生》：

饮茶粤海未能忘，索句渝州叶正黄。

三十一年还旧国，暮春时节读华章。

牢骚太盛防肠断，风物长宜放眼量。

莫道昆明池水浅，观鱼胜过富春江。

奉和柳先生三月廿八日之作敬祈教正。

在当时的印本中附有柳氏原诗《感事呈毛主席》：

开天辟地君真健，说项依刘我大难。

夺席谈经非五鹿，无车弹铗怨冯驩。

头颅早悔平生贱，肝胆宁忘一寸丹。

安得南征驰捷报，分湖便是子陵滩。

在"文革"期间及以后出版的《毛主席诗词》（三十六首）里，以唱和诗形式出现的共有四首，其中两首是与柳亚子的和诗，两

首是与郭沫若的和诗，在那个将旧体诗与"四旧"相联系的年代，人们因为需要背诵"毛诗"而记住了这位柳亚子。

晚饭后阿龙张罗着老师和同学在知春亭附近拍合影，以文昌阁为背景。上午赶来的刘院长讲话，对大家表示慰问之意。

拍照后众人各自散开。因为住地小院中实在没有地方玩，甚至连坐的地方都难找，又不想早早躲到床上休息，就在知春亭一带徘徊，像一些来公园遛弯的市民那样坐在建筑内的长凳上看水面的变化，看远处的万寿山和玉泉山。

留在文昌阁南岸的长凳上待到9点多，观看风雨来前湖水和天色的各种变化：伴随远处的隐约雷声，湖水和天边开始慢慢变成粉红色，尽管也是水天一色，但多少有些令人恐怖。眺望远处的万寿山已经变成一种群青色的剪影，只有乐寿堂门外灯杆上和长廊一带有两盏白炽灯泛着黄光，景色清寂。

又对着玉澜堂东侧的一排建筑发呆，天黑后，建筑内的暖色灯光会透过窗棂散发出来，使附近的柏树林也多了几分神秘色彩，又好像邀请我进去，与主人聊点什么。

走到新建宫门前，又往南湖岛、十七孔桥方向张望片刻，这时的南湖岛一带完全像木板水印版画一般，充满抽象意味。

回到住处不久，大风从西北方向刮来，忙喊画图的同学收拾院内大木桌上的东西，说话间，雨点已经噼噼啪啪地砸下来，真是说下就下，看这气势该是一场大暴雨。

32

劝农轩，益寿堂

（2011 年 7 月 17 日，周日，阴多云）

昨晚的大雨下了一夜，早晨起来后找出带来的长衣长裤穿上，可以抵挡一下地面上的潮气。依旧是收拾起三件随身物件（马扎、画具背包和小挎包）去三队食堂，饭后进园。

今天是周日，游人并没有因为昨晚的大雨有所减少，快步穿过文昌阁到仁寿殿的一段区域，当走到大戏台东侧的"柏树胡同"后才感到游人少一些，迎面过来的多是些遛早儿的市民。

近几天发现去谐趣园的另一条小路，可以不经过"紫气东来"城关。这条路需要在北侧丁字口往西拐一点，然后走台阶上北面山坡，经过山坡上的一个开敞凉亭就可以到达谐趣园宫门的西侧高地，再往北走是乐农轩。

乐农轩建筑是一溜儿"一字形"建筑，大概有十几间的样子，初看这组建筑像是没有维修过的房子，木构件上基本保留木材纹理，门扇、窗扇上保留有大部分的原始图案，屋顶上没有使用琉璃瓦，而用石片替代，很像北方地区的山地民居。每次走到这里都很诧异：当时的皇帝（太后）能同意这种风格的建筑存在，转念一想，这组建筑倒是和"乐农轩"的题目很贴切。

后来查看颐和园员工的记述，得知这组建筑叫如意庄，中间五间称乐农轩，左右各三间称为"平安室"和"永寿斋"，这些建筑皆"石板为瓦，不施彩画"，是在1902年重修时，慈禧太后下旨加建的建筑。建筑原型为当年河北省昌平县西贯市村的一所民居，"那是她逃亡路上第一夜的住所"。

这里的逃亡是指慈禧、光绪等部分皇室成员在1900年（庚子年）因躲避入侵北京的八国联军而被迫西逃的事件。

8月15日，八国联军入侵北京后，沙俄和意大利军队相继进驻颐和园，使这座历史名园遭到第二次破坏。

根据当时的侍卫岳超在他的回忆录《庚子——辛丑随銮纪实》中回忆："慈禧第一夜住在贯市镇的礼拜寺大殿，光绪及后妃宿东、西房。"第二夜（1900年8月16日）"过居庸关，经四十里关沟，迄晚至岔道，山路坎坷难行，骑者均下马。在一小山村驻跸。除两宫及官眷住民房，现煮小米粥充饥外，余众多随地露宿，忍饥挨冻，情形相当凄惨"。[①]慈禧太后回京重修颐和园时，当是想起这段逃难经历才修建这组建筑，即为不忘当年的"艰难"吧。

我把画架摆在建筑的东北角取景，大概能看到一半建筑物的样子，建筑前面有些不知名的木本植物。

本来走这条南北向小路的行人不多，即使有也多是些在附近锻炼、唱歌的老人。因为我坐在这里画画，招来一些好热闹的游客。一位老妇人前后来过两次看画，评论说，画的画比真实的房子还好看！连声回答：谢谢，谢谢。

益寿堂小院位于劝农轩的西侧，只是由于这两个建筑位于不同的标高上，加之附近树木的遮挡，在劝农轩门前的小路上无法看到后面的建筑，只有经过一段"U"形路才能绕到益寿堂门前。因为建筑为非游览区，在门口经过几次也未看到其内部格局。

---

① 岳超，《庚子——辛丑随銮纪实》，收入《晚清宫廷生活见闻》，文史资料出版社，1982年9月第1版，第93页。

益寿堂的大门为垂花门式，门上的油漆和门匾都有剥蚀的痕迹，显示出岁月的沧桑感。

1949年4月25日民主人士柳亚子被安排在益寿堂休养，他和当时住在香山的毛主席时有来往。

毛主席与柳亚子相识甚早，可上溯到1925年的广州，后来在1945年的重庆和谈期间两人又有会面和书信往来，毛主席的词《沁园春·雪》最早即是经过柳亚子的传播而在1945年11月的重庆发表，并在当时的国民中引发全国性轰动。

作为具有文人情怀的政治家，毛主席对柳亚子的评价是一个"有骨气的旧文人"，此论引自毛主席1937年6月25日致何香凝的信，原话为：

"看了柳亚子先生题画，如见其人，便时乞为致意。像这样有骨气的旧文人，可惜太少，得一二个拿句老话说叫做人中麟凤，只不知他现时的政治意见如何？"[①]

主席在写给柳亚子的信中十分客气，抬头均是"亚子先生吾兄道席"。

1949年春中共在取得辽沈战役和平津战役的胜利后，曾邀请在香港的一些各党派民主人士乘船经海路进入北平，筹措全国第一次政治协商会议，柳亚子作为民革中央成员受邀北上。当时的中共领袖是希望借重这批人物的北上，影响和带动更多的民主人

---

① 中共中央文献研究室、中央档案馆编《毛泽东书信手记选》，文物出版社，1983年12月第1版，第11—12页。

士靠近解放区，毕竟当时江山未定，长江以南还在国民党的控制之下。

来北平后的柳亚子开始与同来的民主人士均住在六国饭店，自恃甚高的他总觉得自己有"匡扶天下"的本领，当看到别人配有汽车出行时则渐有怨气，在感事诗中主要表达了这种意思：一旦江南得到解放，就到富春江学严子陵隐居。但这时的中共领袖们是不能放他离开计划建都的北平的。

他收到主席和诗时已经由城里搬到益寿堂居住，可是这位诗人并未理解主席在诗里表达的不忘旧谊和奉劝他静养（也有人解释为：要有革命激情）的意思，而是以为主席要把颐和园送给他，在随后写的奉和诗里曾有这样激动的句子：

离骚屈子幽兰怨，风度无戌海水量。

倘遣名园长属我，躬耕原不恋吴江。

这样的心情同样表达在另一首《偕主席游颐和园有作》诗中，其中有"南阳讵敢劳三顾，北地犹堪赋百章"，最后写"名园真许长想借，金粉楼台胜渡江"。

即把自己比喻为诸葛孔明，又有"长借名园"之意。结果讨了一个老大的没趣。

野史中流传着主席说的原话："没有权利给你，就是有权利给你，把造兵舰的八百万两银子都给你，让你像慈禧太后那样好不好？"这样尴尬的场面该是诗人没有预料的，柳氏几天后主动请

益寿堂正门。

求搬出颐和园。

实际情况是 1949 年 10 月柳亚子从颐和园迁到城里北长街 89 号居住。他把城里的书房取名为"上天下地之庐",并请主席墨书,主席一一同意和满足了这位文人相请;另一件是主席在柳氏的纪念册上又抄录一遍《沁园春·雪》,在纸末落有"沁园春一首,亚子先生教正,毛泽东"字样,并加盖两方名章。

柳亚子 1949 年底南下上海居住,1958 年 6 月病逝于北京,生前曾任中央人民政府委员。

由三队食堂到新建宫门的围墙外有数米宽的水塘和满塘的荷花,也许是空气流动的原因,这里的荷花比之谐趣园里的开得更加繁茂、艳丽,荷花泛出的清香不时地飘散到人行道上,勾引着游人和专业人士在这里取景拍照。

昨天已与测绘组的老师打招呼，两天后因要随团去北欧考察，看来不能与大家一起离园，只能先走一步了。听说下午小王、小阎也要离开，计划搭他们的汽车回津。

中午前回到住地宿舍，把带来的蚊帐、脸盆等物品收拾成一个大背包、两件手提的物件。下午离开前与同宿舍的三名土木系学生告辞。下午1点前后，随小王的车离开住地大院，沿着昆明湖路往南，然后转向京塘高速方向。

中午过后天气已经阴沉下来，待我们走到高速收费站附近开始下小雨，开上高速路以后雨下得越来越大，有一段时间只好把汽车停在高速的缓冲带上，等雨小一些再接着开。

发短信给阿龙谈论此事，回信说：颐和园一带没有下雨。

后记：

隔湖相望，六桥锁烟水

    书稿的写作和增改大概占用了我一年多的业余时间。虽然书中的主要内容来自于 2006 年和 2011 年两次在颐和园的测绘日记，但若想将简短的日记改写成既可以独立成篇，相互之间又有关联和系统的随笔集却非易事；为了找到在颐和园里工作的感觉，完善书中的相关内容，2013 年我第三次参加了天津大学师生在颐和园的暑期测绘，在秋冬之际又多次去颐和园补拍照片。深冬季节，一个人走在颐和园的西堤上，看到西堤的南侧已结薄冰，另一侧的水位也降低很多，夏天时曾经感受的"西北风经过湖面的放大，吹在脸上、身上又多了几分凉意"，已变成"冬天的西北风像小刀子一样打在脸上和身上，使人真实地感受到冬天里的寒意"。站在西堤上，由北向南眺望曾经测绘过的湖心岛、十七孔桥、万寿山以及位于前山的景物时，心中会自然生出一种"隔水相望"、"繁华褪尽"的感觉，也会促使我从更宏观的视角审视我先前所做的记录和整理工作。

这本书的写作初衷是整理一下前些年我们在颐和园里的测绘工作与生活。近年，随着国人对文化遗产的认识逐步提升，如何有效地保护文物古迹和文化遗产成为一个热门话题。城市中一些原本被"推平"的老城区和历史性建筑经过专家论证后得以保留，并成为带动区域发展的"原动力"。而无论对于古典园林还是历史性建筑，经过测绘所得到的科学资料都是保护和修复古建筑的第一手资料。另一个触动我完善这些笔记的动机是近年看到的、新公布出来的一些史料，所谓："往事无凭空击楫，故人何处独登楼。"阅读这些史料后会感到：从清末到上世纪60年代，许多具有历史影响的政治事件都与这个位于北京西郊的园林有关，实际上，清末时颐和园的地位已经成为仅次于城内故宫的另一处政治中心，也由此带动了周边海淀地区的城镇发展，而这些史料在以往与颐和园有关的著述中涉及的并不多。

随着写作的深入，发现发生在颐和园里的人和事也越来越多，一些人物和事件也慢慢地在眼前生动和鲜活起来。记得有人曾说：一座恭王府，半部清朝史。如果拿这种观点来审视颐和园，可以发现发生在颐和园里的故事和事件更多，而且从清朝中期、清末、民国一直延续到1949年以后的"文化革命"（1976年），一些历史人物如乾隆皇帝、光绪皇帝、慈禧太后、袁世凯、康有为、袁克定、袁克文、王国维、溥儒、张大千、毛泽东、柳亚子、彭真、梁思成等历史人物会比较清晰地鲜活起来，好像在园中的某个角落，从某个建筑中走出来，引出发生在这里的活动以及活动背后隐藏的政治动机和一段历史进程。

尽管我的专业是工科，但一直对历史和人文的东西抱有兴趣，手边收集的颐和园相关资料已相当可观，特别是随着近年一些当事人的回忆文章和一些历史事件的披露，可以还原一些历史事件和历史人物的本来面目。在写作时，面对笔下的历史人物，或敬佩，或遐想，或叹息，只是历史不能重来，我们只能从历史角度看待曾经发生在这里的人和事，给出我的个人评价。

在历史中，建筑、园林和城市更多地是以一种衬托历史事件的背景而出现的。

颐和园内的景物众多，本书所涉及的景区和遗迹主要集中在万寿山的周围，也就是前山前湖区和后山后湖区，而对于其他区域还有许多没来得及讲述或留给以后讲述的地方，特别是西堤一带的景物。

在颐和园中，西堤一带的景物是保持清漪园时期风貌最多的地方，也是最有江南风韵的地方，至今依然如此。

若想在游览前山前湖景区后再去西堤也不容易，需要绕过万寿山西侧的"买卖街"，经过半壁桥西行才能接近与西所买卖街平行的一道南北走向的堤坝，从柳桥起，中间跨过桑苎桥和玉带桥，然后与另一段接近东西向的堤坝相连，一直走到界湖桥。这一带景物本身多以自然景物为主，但却是从远处欣赏万寿山西侧和万寿山全貌的一段绝妙的观赏路线。

从桑苎桥附近看到的万寿山处于景深的远景位置，中景则是苍苍茫茫的一片湖水，近景则有一片芦苇或古树点缀其间，产生一种只可远观不可"近玩"的风景。虽说只有一水相隔，活动在石舫东侧的游人也依稀可见，但喧闹程度却与对岸有着天壤之别，周围的环境气氛也与对岸大相径庭。

隔水相望，欣赏对岸的景物，有如思念梦中情人，有一种可望而不可及的无奈和残缺美。古人在两千多年前就发现了这种美，一种荒寒和"相隔"产生的美感。以《诗经》国风（秦风）里的"蒹葭"诗为证：

蒹葭苍苍，白露为霜。

所谓伊人，在水一方。

溯洄从之，道阻且长。

秋冬两季，西堤上桃红柳绿的景象已经被一种"浅绛山水"的色调所取代，从西画中的块面色彩向国画中的墨骨线条转化，对于欣赏和拍摄远处风景的人则多了几分便利。春夏之季，西堤附近的树木由于过于繁茂往往会遮挡西堤上的建筑和远处的万寿山，而秋冬两季由于树叶的凋零则可以更好地感受西堤上的建筑形态和中国古典园林的气氛。

据称，乾隆皇帝在规划西堤时，曾要求模仿杭州苏堤广植柳树，形成一种"松犹苍翠柳垂珠，散漫迷离幻有无"的意境。当时种植在西堤附近的柳树主要是馒头柳，一种树冠呈团形的树种，从而使得西堤上的景观层次更加丰富也更具韵味。最近调查得知，现在保留在西堤上的古柳还有九株成活，成为见证从清漪园到颐和园这段历史的活"古董"。而我们目前见到的大量柳树是后来栽种的垂柳，所形成的园林意境已有别于清漪园时期。

春季到颐和园的机会不多，有一年四月在昌平区集中培训建筑师继续教育，一人抽空跑到颐和园游览，在万寿山佛香阁下面俯瞰远处的湖面和西堤，早春时节，西堤被一层由湖面升腾的雾气所笼罩，时隐时现，真有古人描述杭州西湖的意境：明湖一碧，青山四围，六桥锁烟水。这时，春风中夹杂着花香吹过来，又感到再好的文字和语言也难以描述眼前的风景了。

图书在版编目（CIP）数据

颐和园测绘笔记/梁雪著. —— 北京：生活·读书·
新知三联书店，2015.2
ISBN 978-7-108-05057-1

Ⅰ.①颐… Ⅱ.①梁… Ⅲ.①颐和园－测绘工作
Ⅳ.① K928.73 ② P205

中国版本图书馆 CIP 数据核字 (2014) 第 122446 号

责任编辑　刘蓉林
装帧设计　张　红　朱丽娜
责任印制　卢　岳
出版发行　生活·讀書·新知三联书店
　　　　　（北京市东城区美术馆东街22号　100010）
网　　址　www.sdxjpc.com
经　　销　新华书店
排版制作　北京红方众文科技咨询有限责任公司
印　　刷　北京瑞禾彩色印刷有限公司
版　　次　2015年2月北京第1版
　　　　　2015年2月北京第1次印刷
开　　本　635毫米×965毫米　1/16　印张 20
字　　数　170千字　图数151幅
印　　数　0,001—7,000册
定　　价　64.00 元

（印装查询：010-64002715；邮购查询：010-84010542）